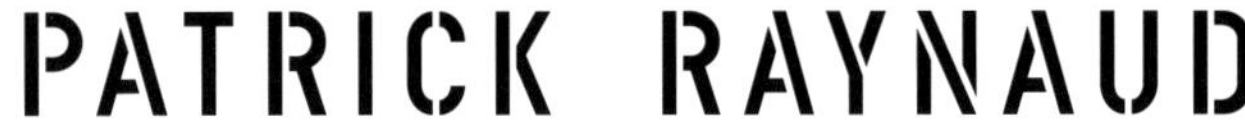

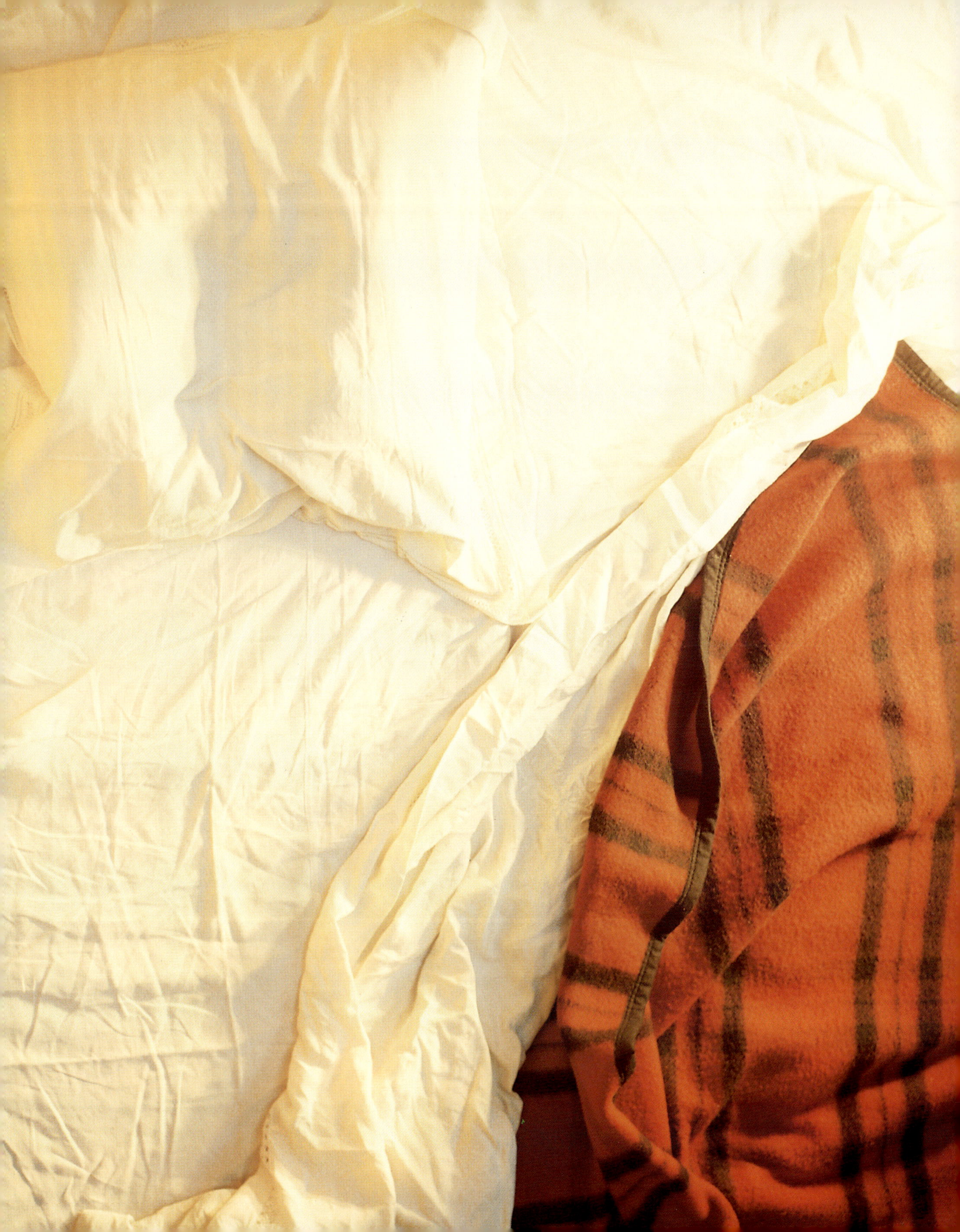

KARAWANSEREI · PRIVATE STOREHOUSE   # PATRICK RAYNAUD

HERAUSGEBER / EDITOR:
BERND SCHULZ

TEXTE VON / TEXTS BY
YVES-MICHEL BERNARD
UND / AND BERND SCHULZ

2. AUFLAGE
KEHRER VERLAG HEIDELBERG 1999

Vordergrund / Foreground:

LE FESTIN CANNIBALE 1993

DAS KANNIBALISCHE FEST Holz, Cibachrome, Leuchtröhren, Stühle, Besteck, Geschirr, Gläser
THE CANNIBAL FEAST Wood, Cibachrome, Fluorescent tubes, Chairs, Tableware

Hintergrund / Background:

PORTES 1994

TÜREN Holz, Cibachrome, Leuchtröhren
DOORS Wood, Cibachrome, Fluorescent tubes

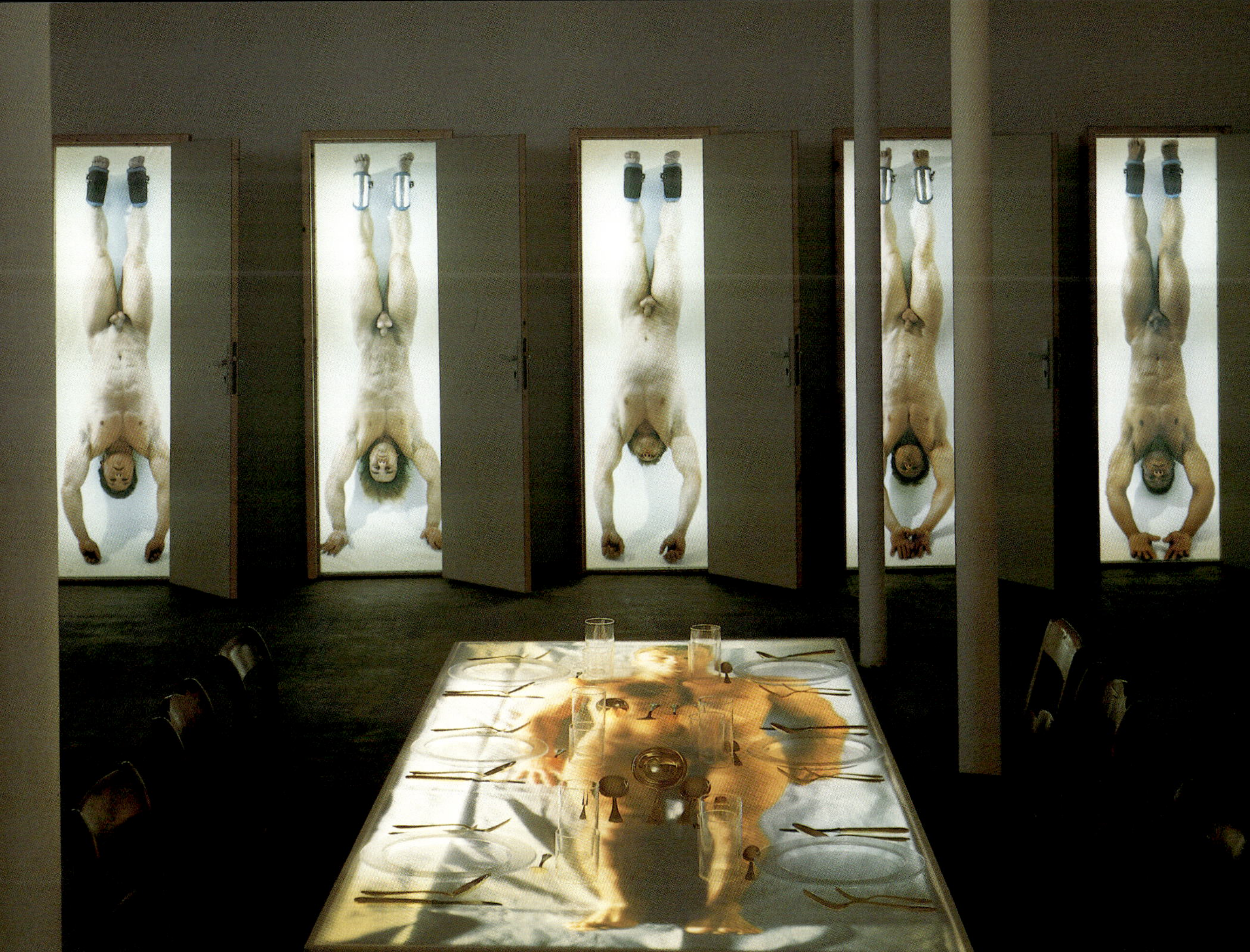

Mit seinen Leuchtkästen und raumgreifenden Installationen reflektiert und ironisiert Patrick Raynaud seit Jahren den modernen Kunstbetrieb. Transport, Verpackung und mediale Vermittlung scheinen einen höheren Stellenwert zu haben als die Erfahrung vor dem Original. Die der Moderne innewohnende Gier nach Bildern scheint sich bei Patrick Raynaud – mit halluzinatorischer Kraft – gegen sich selbst zu wenden, als ob die Bilder des kollektiven Gedächtnisses noch einmal als Wahnbilder aufglühten, bevor sie erlöschen. Die Verwandlung der Dinge in visuelle Zeichen, so zeigt Patrick Raynaud, hat längst den Körper des Menschen erfaßt und damit auch die Selbstwahrnehmung des Individuums. Die Objekte und die Installationen, die sich mit dem menschlichen Körper und seinen kulturellen Prägungen beschäftigen, reflektieren den modernen Körperkult ebenso, wie sie die Gefährdungen und Zurichtungen des Körpers darstellen. Der sinnliche Appell der leuchtenden Bilder zielt dabei auf eine paradoxe Erfahrung: Objektivierungen des Lebendigen verweisen als »Stillegung« auf den Tod, andererseits auf das Lebendige selbst, das sich der Objektivierung wie der Nachahmung entzieht und sich allenfalls in der Wahrnehmung des Betrachters manifestieren kann. Wir danken Patrick Raynaud, daß er unserem Wunsch entgegengekommen ist, die Wahrnehmung des Körpers in seinem Werk zum zentralen Thema dieses Buches und der damit verbundenen Ausstellung zu machen.

With his illuminated boxes and expansive installations, Patrick Raynaud has for years reflected and cast an ironic glance on the contemporary art business. Transport, packaging, and media presentation seem more important than the experience of encountering the original. In Patrick Raynaud's work, the greed for images that is inherent in Modernism seems to turn against itself – with hallucinatory power –, as if the images of collective memory were flaring up one last time as insane delusions before fading. The transformation of objects into visual signs, Patrick Raynaud shows, has long since also taken possession of human bodies, and thus of the individual's perception of himself. The objects and installations, which concern themselves with the human body and its cultural moldings, reflect the modern cult of the body as well as depicting the ways the body is endangered and deformed. The sensual appeal of glowing images aims here at a paradoxical experience: Objectifications of the living refer, as »shutdowns«, to death, but also to the living itself, which eludes objectification and imitation and which can at most manifest itself in the viewer's perception. We thank Patrick Raynaud for fulfilling our wish and making the perception of the body in his work the central theme of this book and the exhibition associated with it.

Bernd Schulz Stadtgalerie Saarbrücken

Karl Manfred Fischer Städtische Galerie Erlangen

Peter Volkwein Kunstverein Ingolstadt

AUF DER SUCHE NACH DEM KÖRPER *oder* DER TISCH IST GEDECKT

von Bernd Schulz

*Eine der fünf Installationen in der Saarbrücker Ausstellung: Ein langer dunkler Raum, die Fenster-
nischen sind verschlossen durch Türen. Öffnet man sie, wird man unvermittelt mit lebensgroßen
Abbildern nackter, männlicher Körper konfrontiert. Mit dem Kopf nach unten und mit ausgestreck-
ten Armen hängen sie an den Füßen, die mit Metallklammern gehalten werden. Patrick Raynaud hat
Bodybuilder in einer für das Körpertraining durchaus »normalen« Situation dargestellt (PORTES
1994)[1]. Doch die ins Auge springende Nacktheit und der in der weiß leuchtenden Fläche isolierte
Körper machen das Abbild zum Zeichen, das trotz des Realismus der Fotografie die Individualität
der abgebildeten Personen auslöscht und Assoziationen an »Folter« oder »Schlachtvieh« hervorruft. Der Akt des Öffnens und Schließens der Türen sowie das Leuchten des transparenten Cibachrome-Materials lassen den Betrachter fast wider Willen zum Voyeur werden und kehren den neu-
gierigen Blick – wie es das Wesen des Voyeurismus ist – um: Es ist ja die eigene Körperlichkeit, die
beim Betrachter ins Spiel kommt. Das Abbild des Anderen wird zum Verweis auf das eigene Selbst.
Die Arbeit ist auch ein Verweis auf den Narzißmus des Menschen, den die Moderne zur isolierten*

Monade gemacht hat. Die fünfteilige Arbeit ist der vorläufige Höhepunkt einer Reihe von Körper-bildern, in denen Patrick Raynaud Aspekte des heutigen Körperbewußtseins reflektiert. Der kopf-über hängende Mensch ist das sarkastische Gegenstück zu Leonardos Bild des idealen Menschen, das den Übergang vom Mittelalter zur Neuzeit markiert. Noch konnte sich der Mensch eingebettet sehen in einem sinnvollen Ganzen, doch der Schritt zum messenden, zerteilenden, d.h. objektivie-renden Blick war getan, die Mittel waren bereits erfunden, um die Welt auf Distanz zu bringen und damit auch den menschlichen Körper zum Objekt zu machen.

Eine andere Arbeit, die ein paar Jahre früher entstanden ist, beschäftigt sich mit der Vervielfäl-tigung von bekannten Bildern aus der Geschichte der Kunst. Es ist sicher kein Zufall, daß Patrick Raynaud für diese Arbeit ein Schlüsselbild ausgewählt hat, das deutlich macht, wie sehr das Kör-

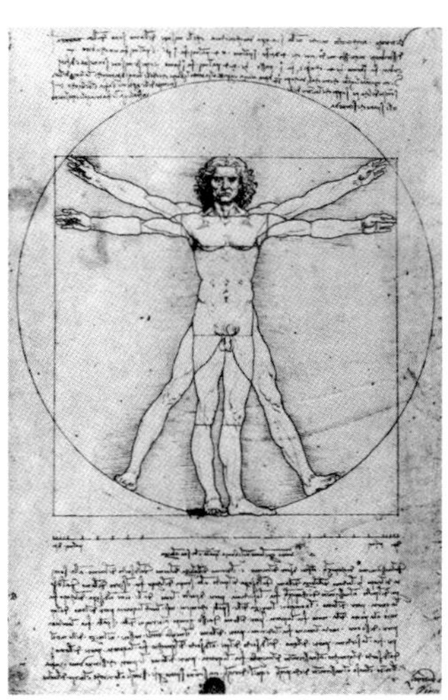

perbild von der Gesellschaft definiert wird. Nicht mehr die Sinne in ihrer Gesamtheit bestimmen das Körperbewußtsein, sondern die Zeichen, die in erster Linie für das distanzierende und distanzierte Auge zu entschlüsseln sind (REMBRANDT'S POSTCARDS: ANATOMY LESSON 1991).

Rembrandt hat im Jahre 1692 in Amsterdam eine Chirurgengilde um den damals bekannten Dr. Nicolaes Tulp porträtiert. Was die dargestellte Szene nicht verrät, ist die Tatsache, daß solche Sektionen in eigens dafür geschaffenen öffentlichen, theaterähnlichen Gebäuden stattfanden. Die Öffnung und Zergliederung von Leichen geschah also als öffentliches Zeremoniell mit geladenen Gästen. Wenn Patrick Raynaud die Szene jetzt als Puzzle von Kunstpostkarten ausstellt, spielt er nicht nur auf die mediale Vervielfältigung einmaliger Kunstwerke an, sondern er verweist gleichzeitig auf den medialen Charakter des ursprünglichen Ereignisses selbst.

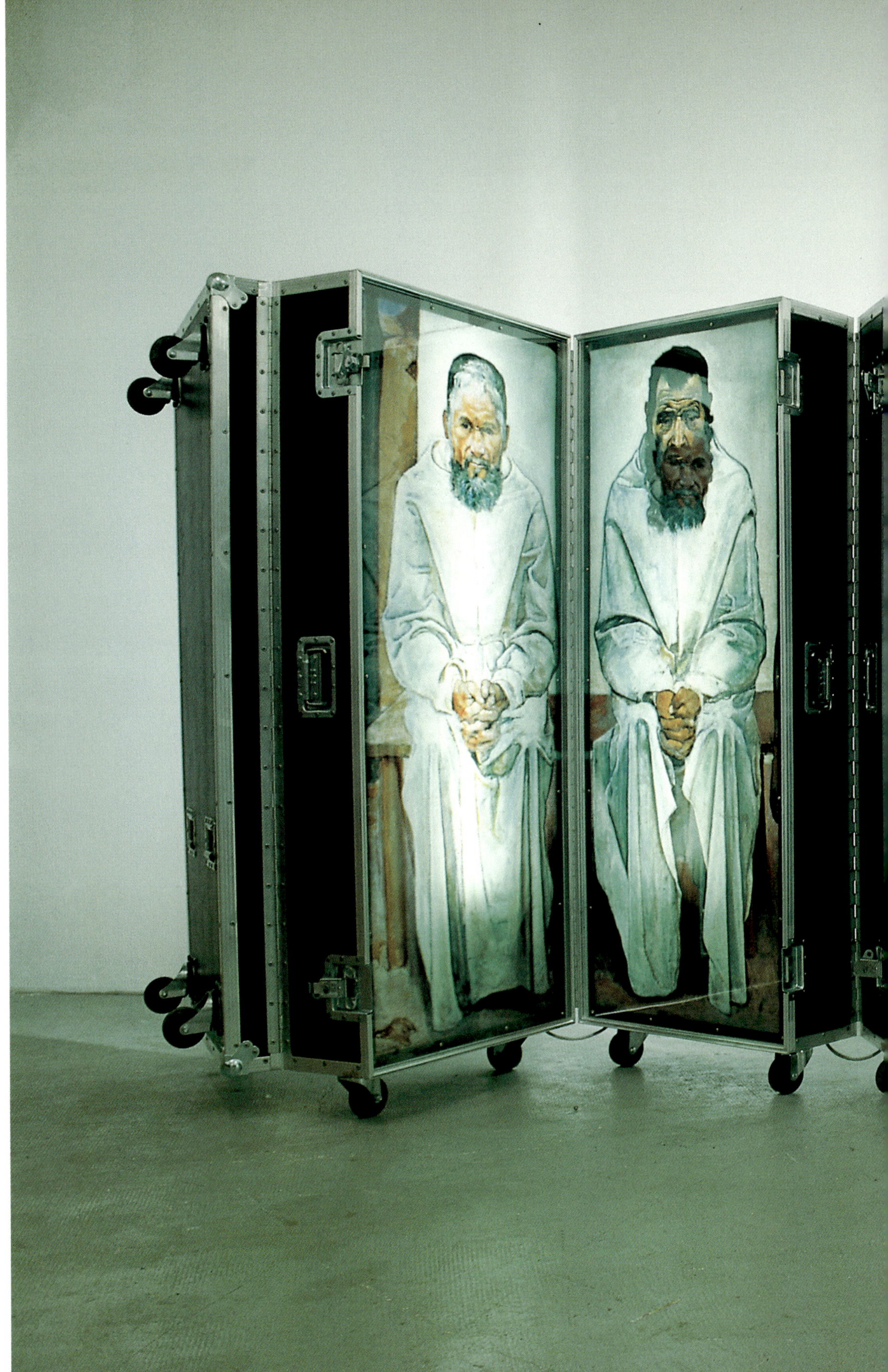

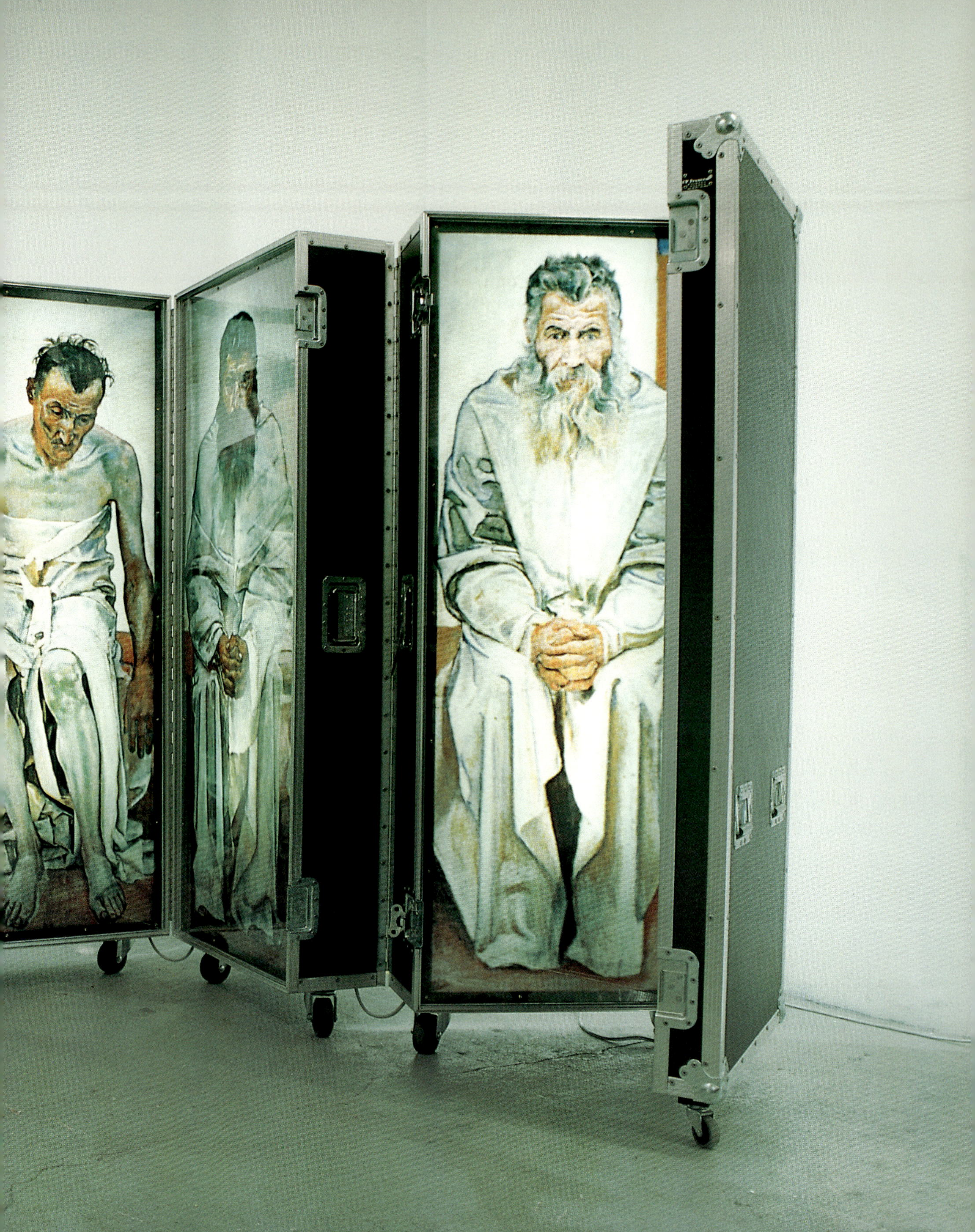

Im Gegensatz zu Rembrandts Zeitgenossen bekommt der heutige Mensch kaum noch Leichen zu sehen. Der reale Körper ist durch das Bild vom Körper ersetzt worden. Für die meisten Menschen wird heute das körperliche Selbstbild fast ausschließlich technogen vermittelt, d.h., inneres körperliches Spüren wird ersetzt durch medial vermittelte Bilder, wie sie die Medizintechnik hervorbringt. Im Grunde wird der reale Körper damit zum Verschwinden gebracht (die Verwandlung der Bilder in digitale Daten ist der letzte Schritt in dieser Entwicklung). Rembrandts Gemälde zeigt, daß die Eliminierung des realen Körpers schon früh begonnen hat. Der Blick der meisten Chirurgen ist nicht auf den Leichnam gerichtet, sondern auf ein offenes Lehrbuch (wahrscheinlich ein anatomischer Atlas), d.h. auf eine mediale Repräsentation. Nicht dem Körper als Ganzes kommt die Aufmerksamkeit zu, sondern der Hand, die gegen das Gesetz der Gesellschaft verstoßen hat (man

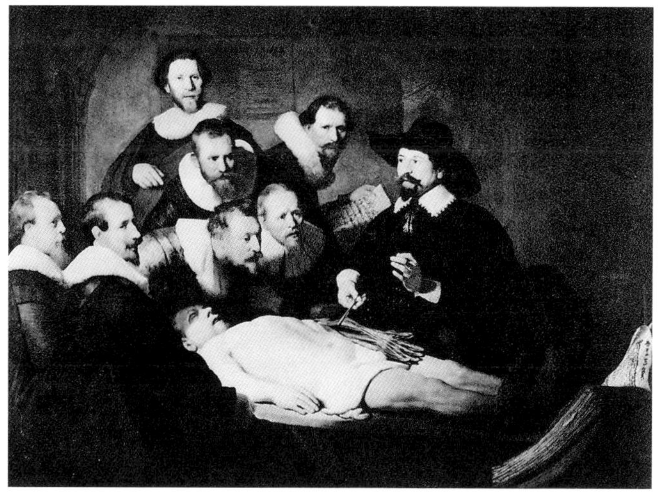

weiß, daß es sich um die Leiche eines wegen Diebstahls gehängten Mannes handelt): der Arm des

Diebes wird seziert! Es paßt zur Szenerie, daß – wie man vermutet – ein berühmter Hobby-Anatom

zugegen war, René Descartes, der mit seiner Philosophie der Trennung von Körper und Geist dem

Prozeß der Entsinnlichung die entscheidende Grundlage gegeben hat. Man vergesse beim Betrach-

ten der Szene auch nicht, daß die öffentlichen Sektionen durch das systematische Zerstückeln

auch letztlich dazu dienten, die Körper von Gesetzesbrechern zu beseitigen.

Der Prozeß der Objektivierung hat das ganzheitliche Körperbild, in dem der Mensch mit seinen

Sinnen (nicht nur mit den Augen) kommunikativ mit anderen verbunden war, aufgelöst. Damit

haben auch die Dinge ihre Körperhaftigkeit verloren. Körper haben nur noch eine Oberfläche, so-

zusagen eine Signalfolie, auf welcher Schlüsselreize für unsere Augen (und zunehmend auch für

Rembrandt
ANATOMISCHE VORLESUNG DES DR. NICOLAES TULP 1632
THE ANATOMY OF DR. NICOLAES TULP
Den Haag, Mauritshuis

die modernen Sehmaschinen) angebracht sind. Mit der Kleidung als Signalfolie hat sich Patrick

Raynaud in mehreren Arbeiten auseinandergesetzt. Die Verwandlung der Körper in Zeichen ist die

Voraussetzung für die ständige Bewegung, in der sich das monadische und nomadisierende Sub-

jekt nur noch als eine Art Epiphänomen wahrnimmt, ein Subjekt, das nur noch aus Gesten besteht,

die auf Anpassung und Koppelung gerichtet sind (wie man zu sein hat, wie man kommuniziert, wie

man sich kleidet usw.). Dieser Prozeß scheint nur noch im Schlaf außer Kraft gesetzt werden zu

können, wenn der nackte Körper, unbewußt, nur noch mit sich selbst »spricht«. In TEATRO ANATO-

MICO (1991) oder in LE LIT DOUBLE (1988) zeigt Patrick Raynaud solche Momente, doch das Bild ist

gebrochen in einer Wahrnehmungssituation, die an den Tod denken läßt (ähnliche Aluminiumboxen

wie im TEATRO ANATOMICO werden auch auf Schlachthöfen verwendet) oder an die Einsamkeit

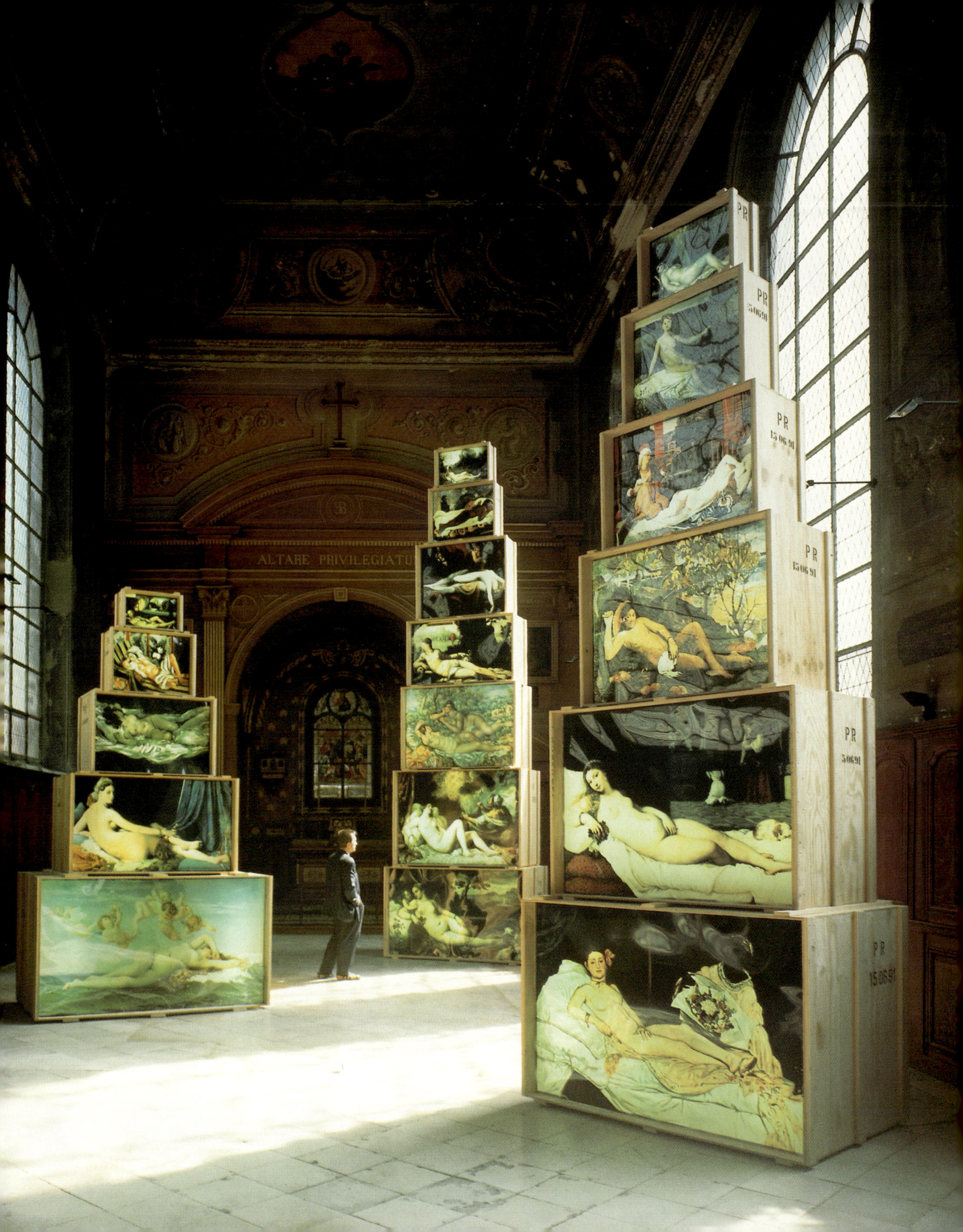

ALTARE PRIVILEGIATU

der Monade Mensch, wie in *LE LIT DOUBLE*. Wenn der domestizierte und zerstückelte Körper der Moderne einen Hunger kennt, dann ist es der Hunger nach Bildern. Das »Noli me tangere« des auferstandenen Christus ist als Verhaltensregel in das kollektive Gedächtnis unserer Kultur eingeprägt. Man könnte auch sagen, der Glaube auf Distanz hat die Berührung ersetzt.

Die dominierenden Repräsentationsformen in unserer Kultur heute sind der Bildschirm und die Fotografie, d.h. die Projektion auf eine begrenzte Fläche. Im Grunde bedeutet die Verwandlung eines Ausschnitts in ein Zeichen, daß der umgebende Rest bedeutungslos wird. Die Technik des Films führt vor, wie durch Schnitt und Montage die Zeichen zu einer neuen Wirklichkeit verbunden werden können. Bildschirm und Projektion sind unübersehbar charakteristische Elemente in der Arbeit von Patrick Raynaud, und zweifellos hat seine Erfahrung als Cutter und Filmemacher seinen Sinn für das Inszenieren von Bildern und das Konstruieren neuer Kontexte geschärft. Aber es ist nicht nur die auf Schnitt und Montage zurückzuführende Möglichkeit der Verbindung des Inkommensurablen, die Möglichkeit der Inszenierung von Paradoxien, die sein Werk ausmacht, sondern auch die dadurch zum Ausdruck kommende Reflexion der Wahrnehmung. Es geht in seinem Werk sozusagen um eine Wahrnehmung der Wahrnehmung, d.h. um ein Offenlegen der Tatsache, daß unser Blick auf die Dinge immer auch ein kulturell geformter Blick ist.

In einem großen Teil seines bisherigen Werkes hat sich Patrick Raynaud mit dem modernen Kunstbetrieb auseinandergesetzt, d.h., er hat zur Anschauung gebracht, wie sich die Wahrnehmung der Kunst durch Einbeziehung der Kunstwerke in den weltweit herrschenden Kreislauf von Produktion und Konsumption verändert hat. Damit scheint die letzte Bastion zur Verteidigung des Subjektiven gefallen zu sein. Doch wer Arbeiten wie HODLER'S SUITCASE: DIE LEBENSMÜDEN (1990) oder LES TOURS DES PARESSEUSES (1991) nur als ironischen und melancholischen Abgesang auf die Aura der Kunst im Zeitalter ihrer technischen Reproduzierbarkeit im Sinne Walter Benjamins[2] betrachtet, übersieht wesentliche Faktoren, die es ermöglichen, sowohl die Aura (trotz der Reproduktionen) wie auch die Körperlichkeit (trotz der Immaterialität des Mediums Fotografie) zu retten. Indem Raynaud die leuchtenden Bilder in Kisten und Behälter integriert, schafft er, obwohl

CASQUES INTERPLANÉTAIRES 1990
INTERPLANETARISCHE HELME Schweißhelme, Kunststoff, Cibachrome, Leuchtröhren
INTERPLANETARY HELMETS Welding Masks, Plastic, Cibachrome, Fluorescent tubes

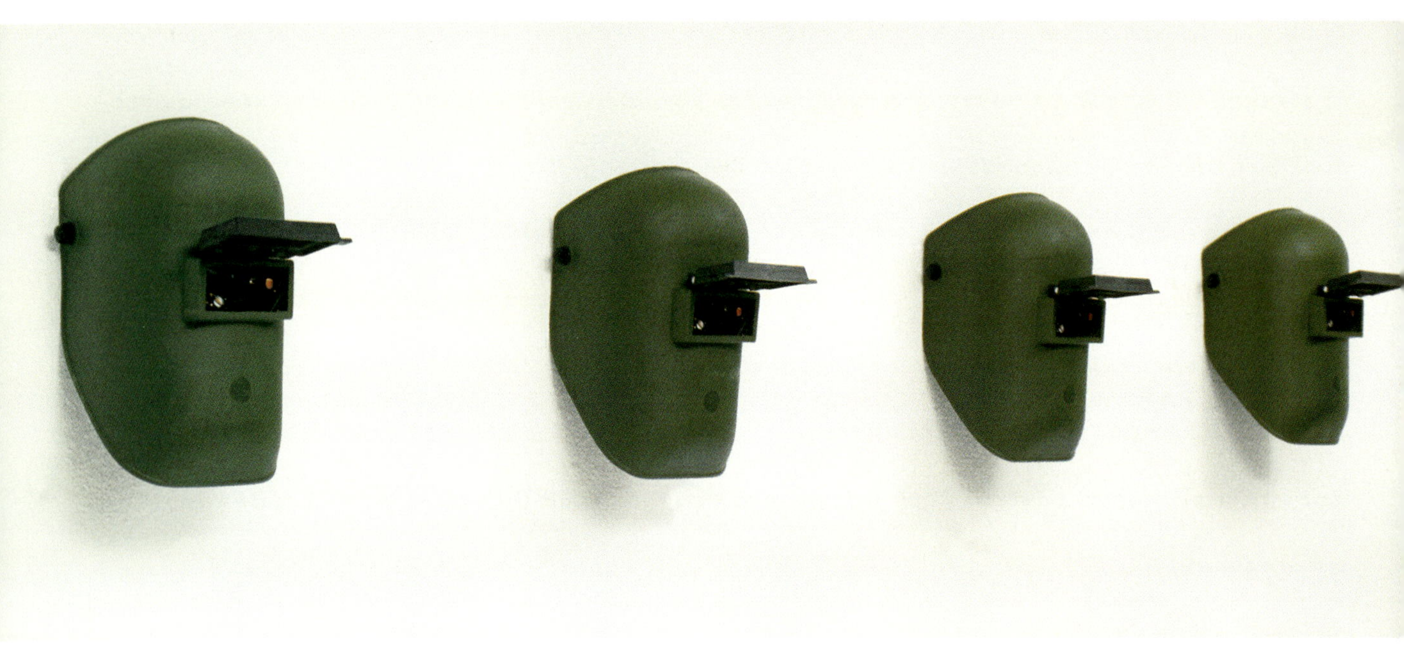

diese Behälter Zeichen für Bewegung, Transport und damit Flüchtigkeit sind, Raum und physische

Präsenz, d.h., er verschränkt die zweidimensionalen Bilder mit dreidimensionalen Räumen, die

auch den physisch anwesenden Betrachter umfassen. Die leuchtenden Reproduktionen und die

großenteils aus normierter technischer Produktion stammenden Objekte treten dabei in ein eigen-

artiges, fast tautologisches Verhältnis, denn auch die Objekte sind letztlich Reproduktionen, al-

lerdings Reproduktionen, bei denen die Idee des Originals abhanden gekommen ist. Man könnte

sagen, daß die Reproduktionen von Kunstwerken und menschlichen Körpern dadurch umso deut-

licher auf das jeweils abwesende »Original« verweisen. Die Objekte bilden einen Widerstand gegen

die Immaterialität der Bilder und zeigen, daß es bei aller Beschleunigung der Bilder und der Zu-

nahme von Bewegung in unserer Kultur immer noch eine physisch wahrnehmbare Welt der trägen

Körper gibt, zu der wir selbst gehören und die nur verschwindet, wenn wir verlernen, sie wahrzunehmen.

Eine Fotografie wird nur dann ihrer Einmaligkeit und Aura beraubt, wenn das Bild im Sinne der Repräsentation verstanden wird (hierauf hat sich bekanntlich Walter Benjamin konzentriert). Betrachtet man jedoch den (mit der Geschichte der Alchimie verbundenen) Prozeß der Herstellung, so ist das Foto immer auch eine Emanation, denn durch die chemische Transformation prägt sich die Gegenwart eines Körpers in die Filmschicht ein und schafft damit eine neue Magie des Körpers (dies gilt jedenfalls, solange die Fotografie nicht durch Digitalisierung den »Wärmetod«[3] erleidet). Roland Barthes hat diese Seite der Fotografie gewissermaßen gegen die Auffassung von Walter Benjamin betont.[4] Die 1:1-Reproduktion, die bei Patrick Raynaud die Regel ist (jedenfalls bei den

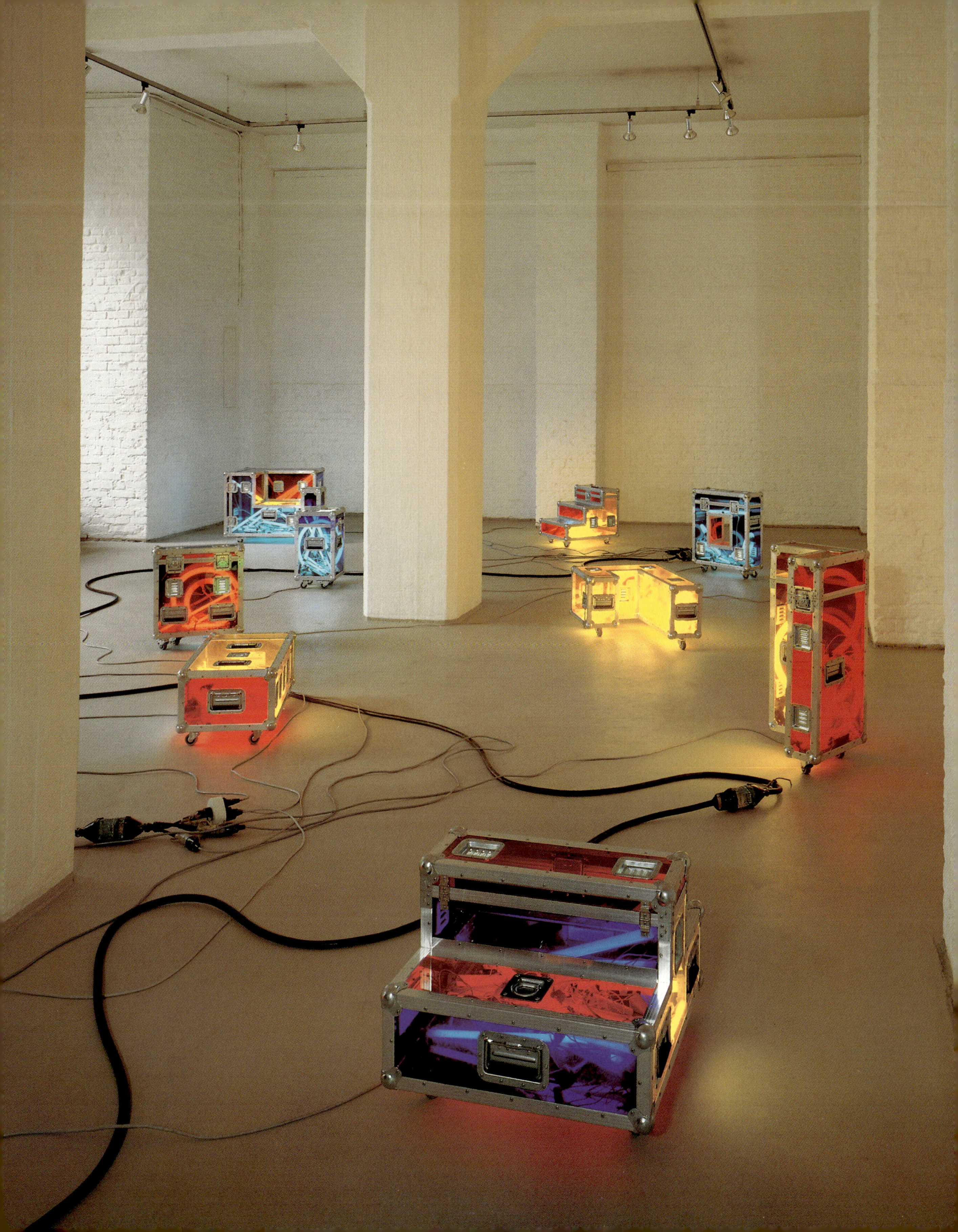

in Objekte integrierten Bildern), betont diese Magie. Das Cibachrome ist damit nicht nur eine Reproduktion, sondern auch eine Simulation. Die magische Wirkung wird verstärkt durch die Leuchtkraft des transparenten Cibachrome-Materials, das eine Atmosphäre schafft, wie sie aus dem sakralen Bereich (Kirchenfenster) bekannt ist. Patrick Raynaud geht es also keineswegs nur um ein ironisch gemeintes Zitat, wenn er z. B. Ausschnitte berühmter Gemälde in Kisten zum Leuchten bringt. Gewiß ist es ein kritischer Hinweis auf den Bilderverschleiß, der auch die Kunst erfaßt hat, und auch eine Kritik am Verlust der Erfahrung, der mit der medialen Bilderflut einhergeht. Aber es ist auch ein Beweis für die Kraft der Bilder, die Teil des kollektiven Gedächtnisses sind, sonst könnten sie ihre Faszination nicht als Reproduktion entfalten. Gewiß können Hodlers Lebensmüde in den Transportkisten, die zu einem Leporello zusammengefügt sind, zum Lachen reizen (weil sie des Herumreisens als Kunstwerk müde scheinen), zugleich präsentieren sie aber auf eine neue, anrührende Art und Weise verdrängte Bilder der Erfahrung, wie sie im Kunstwerk verdichtet zur Darstellung kommen.

Durchbrochen wird die Regel der 1:1-Reproduktion, wo Raynaud auf die Wahrnehmungsweise von Bildern im Kino anspielt. Die von einem Plakatmaler gefertigte Reproduktion des Gemäldes »Der tote Christus im Grabe« von Holbein d.J. wird – ironisch VERSION ORIGINALE genannt – einer Leinwandprojektion ähnlich (der Eindruck wird noch verstärkt durch die Projektion von Werbeslogans auf das Bild und durch die Hintergrundmusik von John Adams). Eine Ausnahme bildet auch die Arbeit REMBRANDT'S POSTCARDS, in der die übliche extreme Verkleinerung von Kunstwerken auf Postkarten durch Vergrößerung ironisch kommentiert wird. (Auch hier handelt es sich nicht nur um die Wahrnehmung eines Bildes, sondern um die Mitwahrnehmung vorgeprägter Wahrnehmungsformen.)

Walter Benjamin hat die Aura als »Ferne« definiert, die auch in nächster Nähe präsent ist. Im Hinblick auf literarische Verfahren der Moderne (z.B. bei Proust und Baudelaire) könnte man wahrnehmungspsychologisch »Ferne« definieren als Einwirkung eines Assoziationsprozesses auf die aktuelle Wahrnehmung. Demnach könnte man als »Aura« die Gesamtheit der Bilder bezeichnen, die sich in der Wahrnehmung um einen Körper oder um ein Bild lagern. Vielleicht macht dies auch das Phänomen der Umkehrung des Blicks aus, das wir an Kunstwerken erfahren, wenn zum Sehen zusätzlich ein Spüren tritt, ein Gefühl, von den Dingen selbst angeschaut zu werden.

So aufwendig seine leuchtenden Objekte und raumgreifenden Installationen auch oft erscheinen, so verblüffend einfach sind die Mittel, die Patrick Raynaud zur Umkehrung des Blicks einsetzt, und es ist, als ob ein kleiner Schalter im Synapsengeflecht unseres Bewußtseins plötzlich berührt worden sei. Die Helme der Arbeit CASQUES INTERPLANÉTAIRES (1990), die normalerweise Kopf und Augen beim Schweißen schützen sollen, gleichen Ritterhelmen mit heruntergelassenem Visier (sie sind als Teil einer imaginären Rüstung auch Vanitassymbole). Das getönte Glas, das die Augen vor dem grellen Licht der glühenden Metallfunken schützt, ist durch ein Abbild der Planeten

LAMPE DE POCHE: CIEL 1990
TASCHENLAMPE: HIMMEL Taschenlampen, Batterien, Cibachrome
FLASHLIGHT: SKY Flashlights, Batteries, Cibachrome

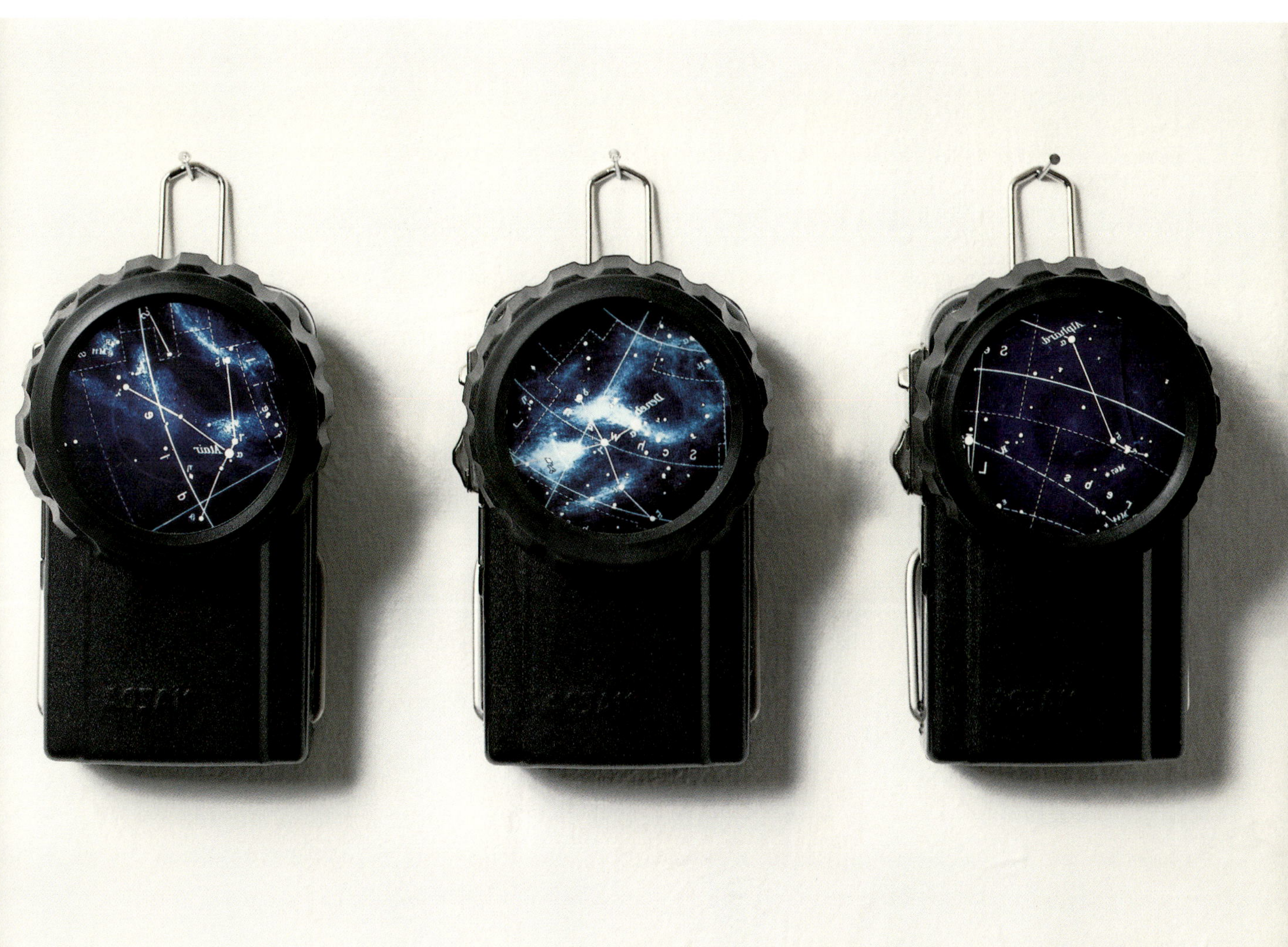

ersetzt worden. Der Betrachter, der imaginativ die Stelle des abwesenden Helmträgers einnimmt, erfährt zwei entgegengesetzte Blickrichtungen. Die eine gehört zur Wahrnehmung (der Betrachter sieht die Helme), die andere zur Wahrnehmung der Wahrnehmung (der Betrachter imaginiert sich als Träger eines Helmes). Das poetische Bild von den Planeten unseres Sonnensystems wird in der Vorstellung mit den sprühenden Funken (»Sternbilder«) zur Deckung gebracht. Das Bild markiert damit auch einen Verlust. Unsere technische Zivilisation produziert nämlich so viel Licht, daß der reale Sternenhimmel kaum noch wahrgenommen werden kann. Raynaud macht dies auf ironische Weise in dem Multiple *LAMPE DE POCHE: CIEL* (1990) bewußt.

Auch wenn das Neonlicht die Kälte der verwendeten technischen Artefakte noch verstärkt, werden die Bilder durch Aktivierung und Verschränkung verschiedener Wahrnehmungsebenen wieder auf »Körpertemperatur« gebracht, auch wenn die Körper, wie in *GARDES DU CORPS* (1995), selbst abwesend sind. Die leeren Schutzanzüge mit der Aufschrift »Fragile« machen bewußt, daß unser brüchiges Körperbewußtsein zusätzlich durch eine kollektive Bedrohung (AIDS) erschüttert ist.

Man kann sich die Esser, die sich um das Bild eines nackten Körpers am bürgerlich gedeckten Tisch versammeln sollen (LE FESTIN CANNIBALE, 1993) nur ratlos vorstellen. Groß ist die Spanne, in die unser Körperbewußtsein gedehnt ist. Im Zeitalter der elektronischen Kommunikation markiert die Haut schon lange nicht mehr die Grenze des Körpers. Vom rituellen Verschlingen des Anderen (Greenaway läßt grüßen) sind wir historisch weit entfernt (vielleicht war es ja die Erfindung des Bildermachens, die den Kannibalismus beendet hat). Die »face to face«-Kommunikation mit anderen Menschen scheint heute nur noch eine marginale Rolle zu spielen. Das Begehren ist unter dem Druck der psychischen, sexuellen, sozialen und politischen Codes domestiziert worden. Der Fragmentierung des Körpers entspricht die Fragmentierung der Identität. Ist am Ende beides auf solche Weise zubereitet, damit es – auch ohne Kannibalismus – leichter konsumiert werden kann?

1) Die Arbeit trug ursprünglich den Titel »Cochons pendus« (wörtl. übers. »aufgehängte Schweine«) in Anspielung auf ein französisches Kinderlied.
    Da diese Anspielung von Nicht-Franzosen nicht verstanden wird, hat Patrick Raynaud den Titel geändert.
2) Walter Benjamin: Das Kunstwerk im Zeitalter seiner technischen Reproduzierbarkeit (1936), Frankfurt/M. 1969
3) Vgl. H.G. Haberl (Interview in Festschrift: 90 Jahre KLEINE ZEITUNG, Graz 5. Nov. 1994))
4) Roland Barthes: Die helle Kammer, Frankfurt 1989

IN SEARCH OF THE BODY

or THE TABLE IS SET

by Bernd Schulz

One of the five installations in the Saarbrücken exhibition: A long, dark room whose window niches are blocked off by doors. Opening them, one is immediately confronted with life-size depictions of naked, male bodies. They hang by their feet, which are held by metal clamps, with their heads hanging down and their arms outstretched. Patrick Raynaud portrayed body-builders in a situation quite »normal« for this form of training (PORTES 1994[1]). But the flagrant nakedness and bodies isolated in the whitely-glowing surface turns the picture into a sign that, despite the realism of the photograph, extinguishes the individuality of the person depicted and calls up associations of »torture« or the »slaughterhouse«. The act of opening and closing the doors and the brilliance of the transparent Cibachrome material make the viewer, almost against his will, a voyeur, reversing his curious glance, as it is the nature of voyeurism to do: It is his own corporeality that comes into play for the viewer. The picture of the Other becomes a reference to oneself. The work is also a reference to the narcissism of man, whom Modernism has turned into an isolated monad. The five-part work is the interim peak of a series of pictures of bodies in which Patrick Raynaud reflects aspects of contemporary awareness of the body. The person hanging upside-down is the sarcastic coun-terpoint to Leonardo's drawing of the ideal human, which marked the transition from the Middle Ages to the Modern Age. Man could still see himself embedded in a meaningful whole, but the step toward the measuring, divisive, i.e. objectifying glance had been taken; the means were already invented to put the world at a distance and thus to make the human body another object.

Another work, created a few years earlier, concerns itself with the reproduction of pictures familiar from the history of art. Surely it is no coincidence that Patrick Raynaud chose a key picture for this work, one that makes clear the degree to which the image of the body is defined by soci-ety. Consciousness of the body is no longer determined by the senses in their entirety, but by signs to be decoded by the distancing and distanced eye (REMBRANDT'S POSTCARDS: ANATOMY LESSON, 1991).

In Amsterdam in 1692, Rembrandt portrayed a guild of surgeons around the famous Dr. Nicolaes Tulp. What the depicted scene does not show is that such dissections were carried out in theater-

Folgende Doppelseite /Following double page:
REMBRANDT'S POSTCARDS: ANATOMY LESSON 1991
REMBRANDTS POSTKARTEN: ANATOMIESTUNDE Postkartenständer, Cibachrome, Plexiglass
REMBRANDT'S POSTCARDS: ANATOMY LESSON Postcard stand, Cibachrome, Plexiglass

like buildings especially designed for the purpose. The opening and dismemberment of corpses was thus conducted as a public ceremony with invited guests. If Patrick Raynaud now exhibits the scene as a puzzle of art postcards, he not only plays on the medial reproduction of unique artworks, but at the same time also refers to the medial character of the original event.

In contrast to Rembrandt's contemporaries, we today seldom see a corpse. The real body has been replaced by the image of the body. Today, most people's corporeal self-image is mediated almost exclusively by technology, i.e. inner body feeling is replaced by medial images, like those produced by medical technology. At bottom, this makes the real body disappear (transformating the images into digital data is the last step in this direction). Rembrandt's painting shows that the elimination of the real body began early. The glance of most of the surgeons is not directed toward the corpse, but toward an opended book (probably an anatomical atlas), i. e. toward a medial repre-sentation. Attention is not devoted to the body as a whole, but to the hand that violated the law of society (we know that the corpse is that of a man hanged for theft): the arm of the thief is being dis-

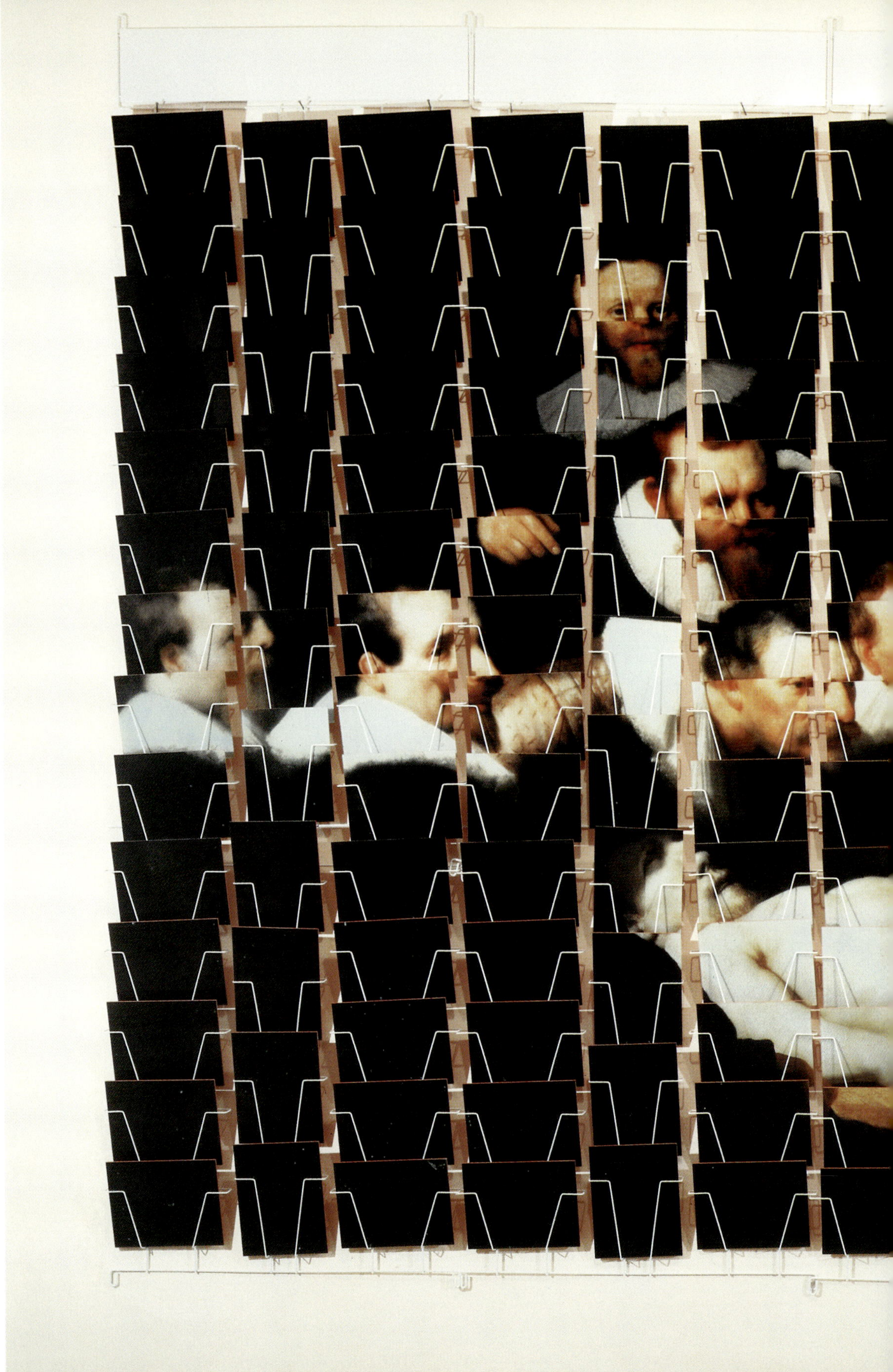

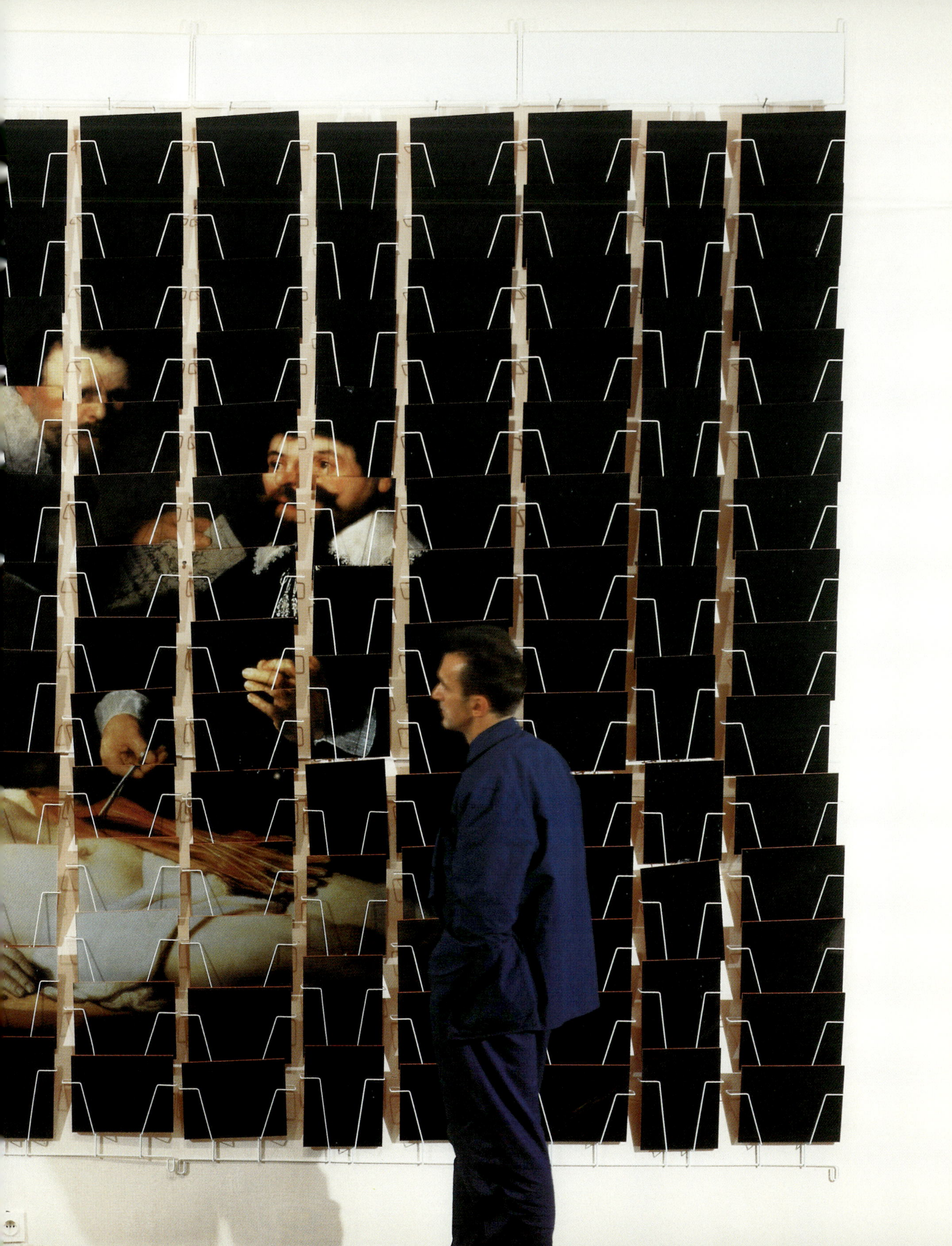

sected! It fits the surroundings that – as is suspected – a famous hobby anatomist was present, René Descartes, whose philosophy of the separation of body and mind gave the process of desensualization its decisive foundation. In viewing the scene, don't forget that these public dissections staged this systematic dismemberment also in order to make the bodies of lawbreakers disappear.

The process of objectification has dissolved the holistic image of the body, in which man's senses (not just the eyes) communicatively tied him to others. This has robbed inanimate things, too, of their corporeality. Bodies now have only a surface, a foil for signals, so to speak, on which are mounted key stimuli for our eyes (and increasingly for modern seeing machines). In several works, Patrick Raynaud has grappled with clothing as a foil for signals. The transformation of the body into sign is the prerequisite for the constant movement in which the monadic and nomadic subject no longer perceives itself except as a kind of epiphenomenon, a subject no longer consisting of anything but gestures oriented toward adjustment and linkage (how one is supposed to be, how one communicates, how one clothes oneself, etc.). It no longer seems possible to halt this process except in sleep, when the naked body, unconscious, »speaks« only with itself. In *TEATRO ANATO-MICO* (1991) or in *LE LIT DOUBLE* (1988), Patrick Raynaud shows such moments, but the image is broken in a situation of perception recalling death (aluminum boxes similar to those in *TEATRO ANATOMICO* are also used in slaughterhouses) or the solitude of the human monad, as in *LE LIT DOUBLE*. If the domesticated and dismembered body of Modernism knows any hunger, it is the hunger for images. The »Noli me tangere« of the resurrected Christ has left its mark as a rule of behavior upon our culture's collective memory. One could also say that belief at a distance has replaced touching.

The dominant forms of representation in our culture today are the monitor screen and the photograph, i. e. projection onto a delimited surface. At bottom, the transformation of a segment into a sign means that the surrounding remnant becomes meaningless. The technology of film demonstrates how cutting and montage can connect the signs to make a new reality. Monitor and projection are obviously characteristic elements in Patrick Raynaud's work, and his experience as a cut-

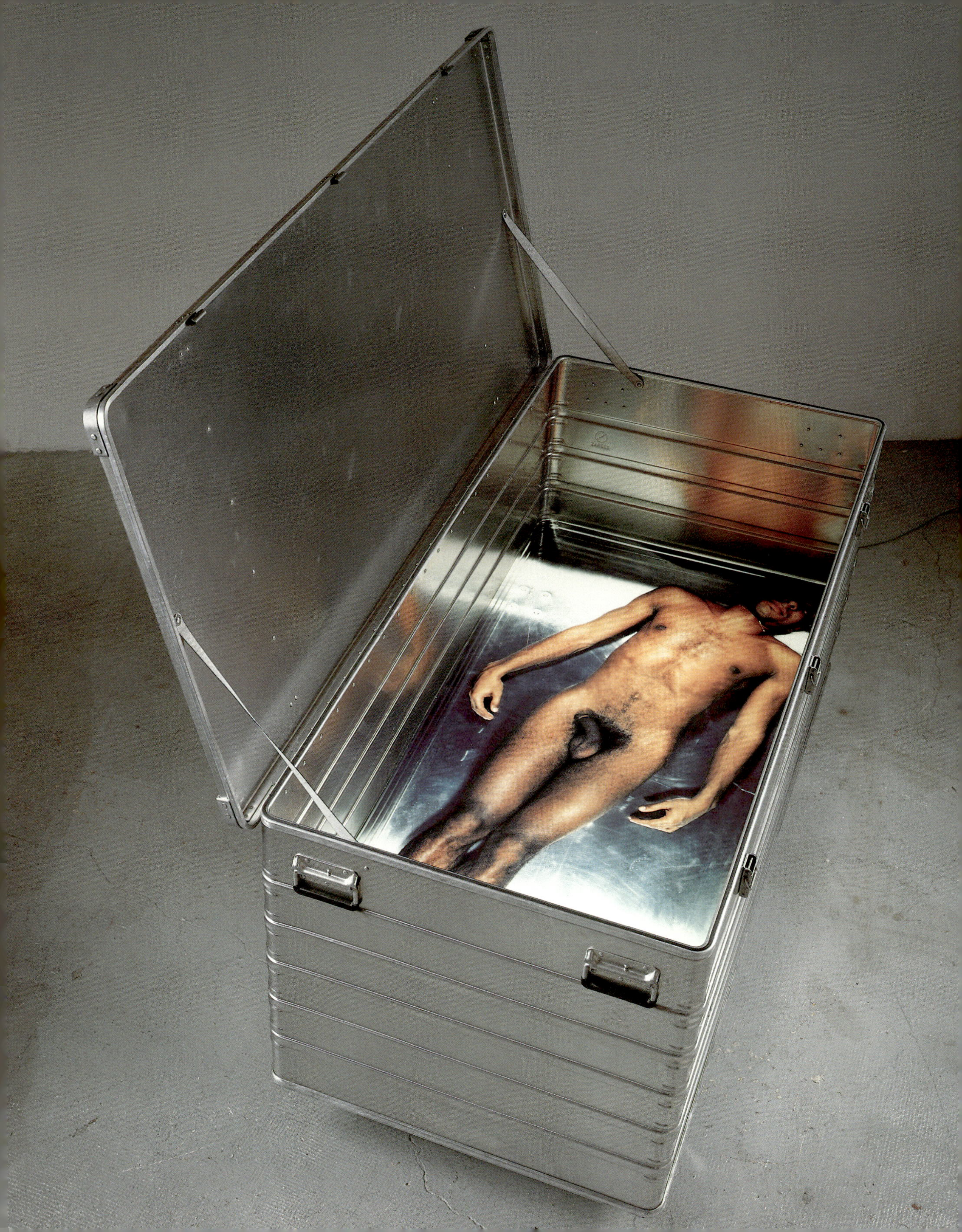

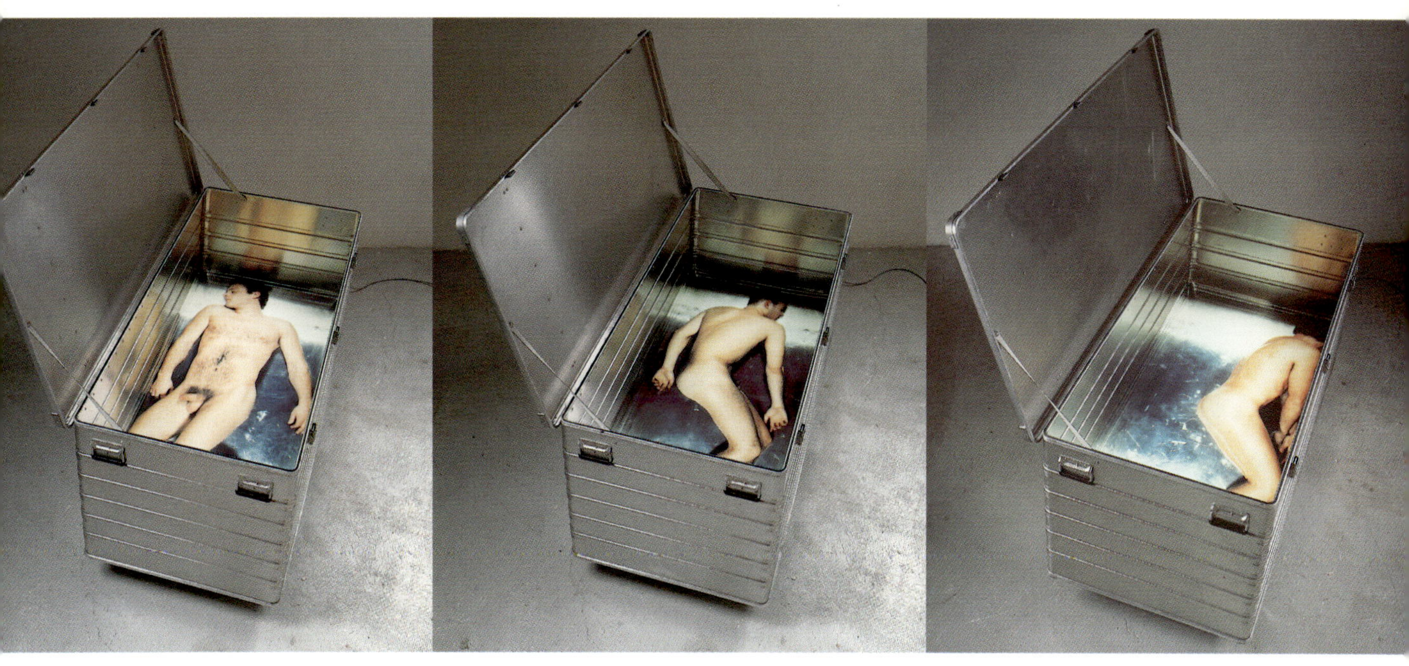

TEATRO ANATOMICO 1991

ANATOMIEHÖRSAAL (Ausschnitte) Aluminiumkisten, Cibachrome, Leuchtröhren
ANATOMICAL THEATRE (Details) Aluminium Cases, Cibachrome, Fluorescent tubes

41

ter and filmmaker has doubtless sharpened his sense for staging images and construing new con-
texts. But it is not only the possibility of combining the incommensurable and of staging para-
doxes, traceable to the techniques of cut and montage, that defines his work, but also the reflec-
tion of perception that thus comes to expression. His work is concerned with a perception of perception, so to speak, i.e. with a revelation of the fact that our view of things is always also formed
by our culture.

In a large part of his work so far, Patrick Raynaud has grappled with the contemporary art mar-
ket, i.e. holding up to our glance the way the perception of art has been changed by the integration
of artworks in the global hegemony of the cycle of production and consumption. With this, the last
stronghold of defense of subjectivity seems to have fallen. But he who sees works like HODLER'S

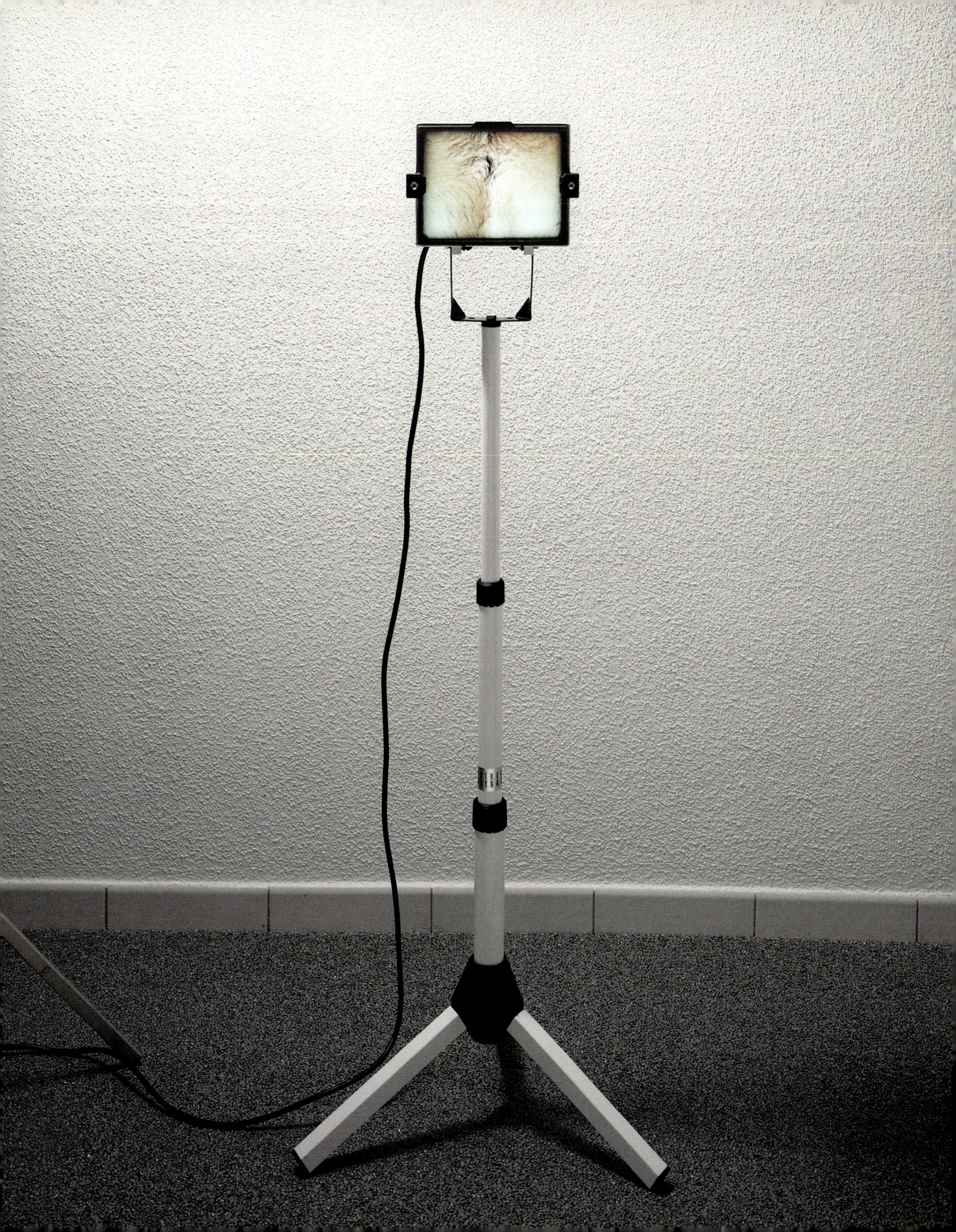

SUITCASE: DIE LEBENSMÜDEN (1990) *or LES TOURS DES PARESSEUSES* (1991) *exclusively as ironic and melancholy requiems for the aura of art in the age of its technical reproducibility, as Walter Benjamin put it[2], overlooks essential factors enabling the rescue of the aura (despite the reproductions) as well as of corporeality (despite the immateriality of the medium of photography). By integrating the glowing images in crates and containers, although these containers are signs for movement, transport, and thus transience, Patrick Raynaud creates space and physical presence, i.e. he ties the two-dimensional images into three-dimensional spaces that also embrace the physically present viewer. The glowing reproductions and the objects mostly stemming from normed technical production enter into a peculiar, almost tautological relationship, for the objects, too, are finally reproductions, though reproductions that have lost the idea of an original. One could say that the reproduction of artworks and human bodies thus point that much more clearly to the respectively absent »original«. The objects create a resistance to the immateriality of the images and show that, despite all the acceleration of images and the increase of movement in our culture, there is still a physically perceptible world of inertial bodies, to which we ourselves belong, and which only disappears if we forget how to perceive it.*

A photograph is only robbed of its uniqueness and aura if the image is understood in the sense of representation (which, as is well known, is what Walter Benjamin concentrated on). But if one considers the process of its production (connected with the history of alchemy), then the photo is always an emanation as well, for, through chemical transformation, the presence of a body inscribes itself on the chemical film and thus creates a new magic of the body (this is true, at any rate, as long as digitalization does not inflict the »heat death« of entropy[3] upon the photograph). Roland Barthes emphasized this aspect of photography in a sense counter to Walter Benjamin's view[4]. The one-to-one reproduction that is the rule for Patrick Raynaud (at least with images integrated in objects) underscores this magic. The Cibachrome is thus not only a reproduction, but also a simulation. The magical effect is amplified by the brilliance of the transparent Cibachrome material, which creates an atmosphere reminiscent of the sacral (stained glass windows). Patrick

Raynaud is thus in no way interested solely in ironic quotation when, for example, he makes segments of famous paintings glow in crates. Certainly, it is a critical reference to the wear images are submitted to, which has spread to art, and a critique of the loss of experience inherent in the medial flood of images. But it is also evidence of the power of the images that are part of our collective memory; otherwise they could not unfold their fascination as reproduction. Certainly, Hodler's life-weary figures in the shipping crate draw a laugh (because they appear tired of travelling about as an artwork), but at the same time they are also a new, moving presentation of suppressed images of experience, as these find dense depiction in the artwork.

The rule of one-to-one reproduction is interrupted where Raynaud plays on the mode of perception of images in cinema. The reproduction of Holbein the Younger's painting »The Dead Christ in

VERSION ORIGINALE 1995
ORIGINALVERSION Gemälde, Diaprojektion mit 80 verschiedenen Texten, Tonband von John Adams
ORIGINAL VERSION Painting, Slide projection with 80 seperate texts, Sound by John Adams

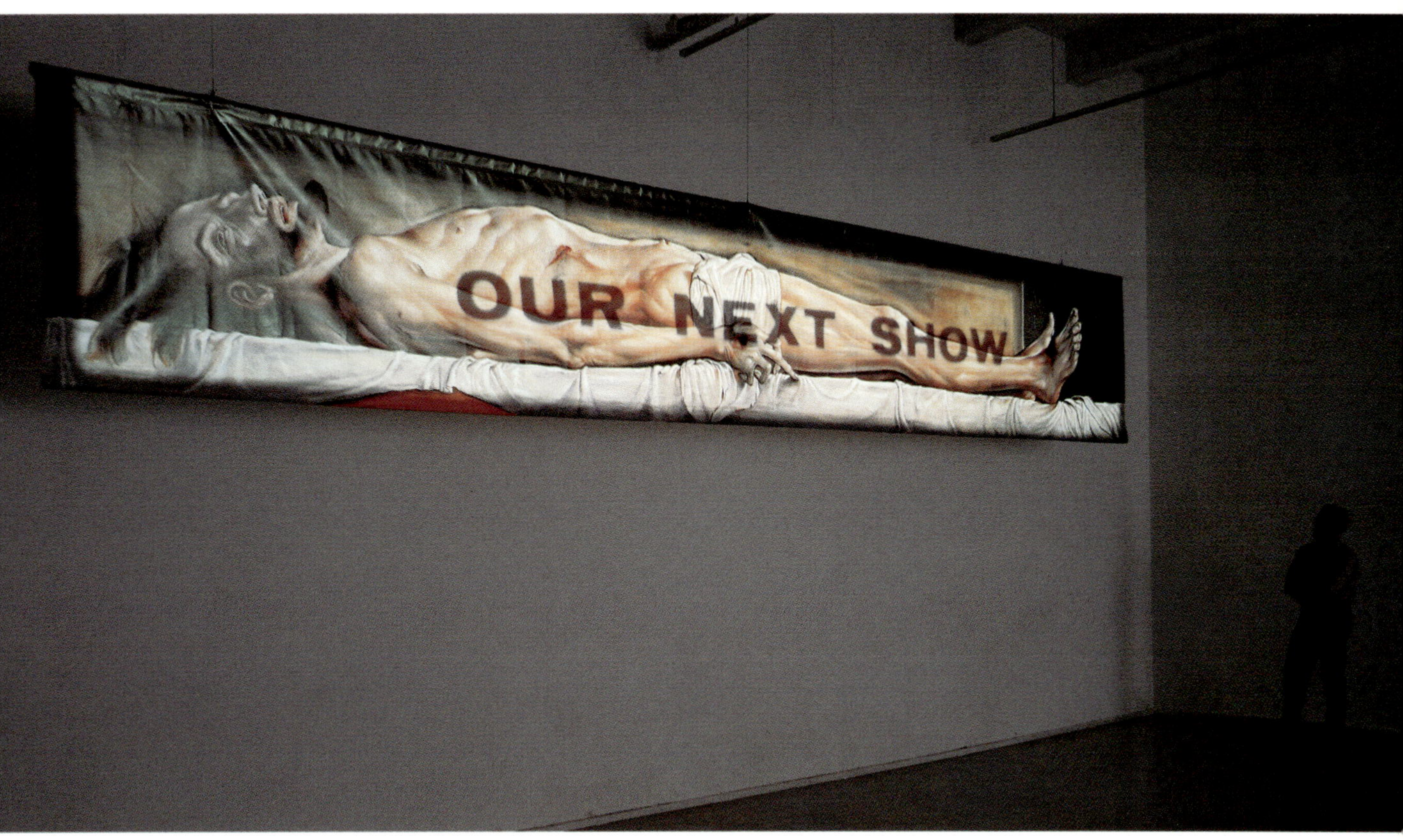

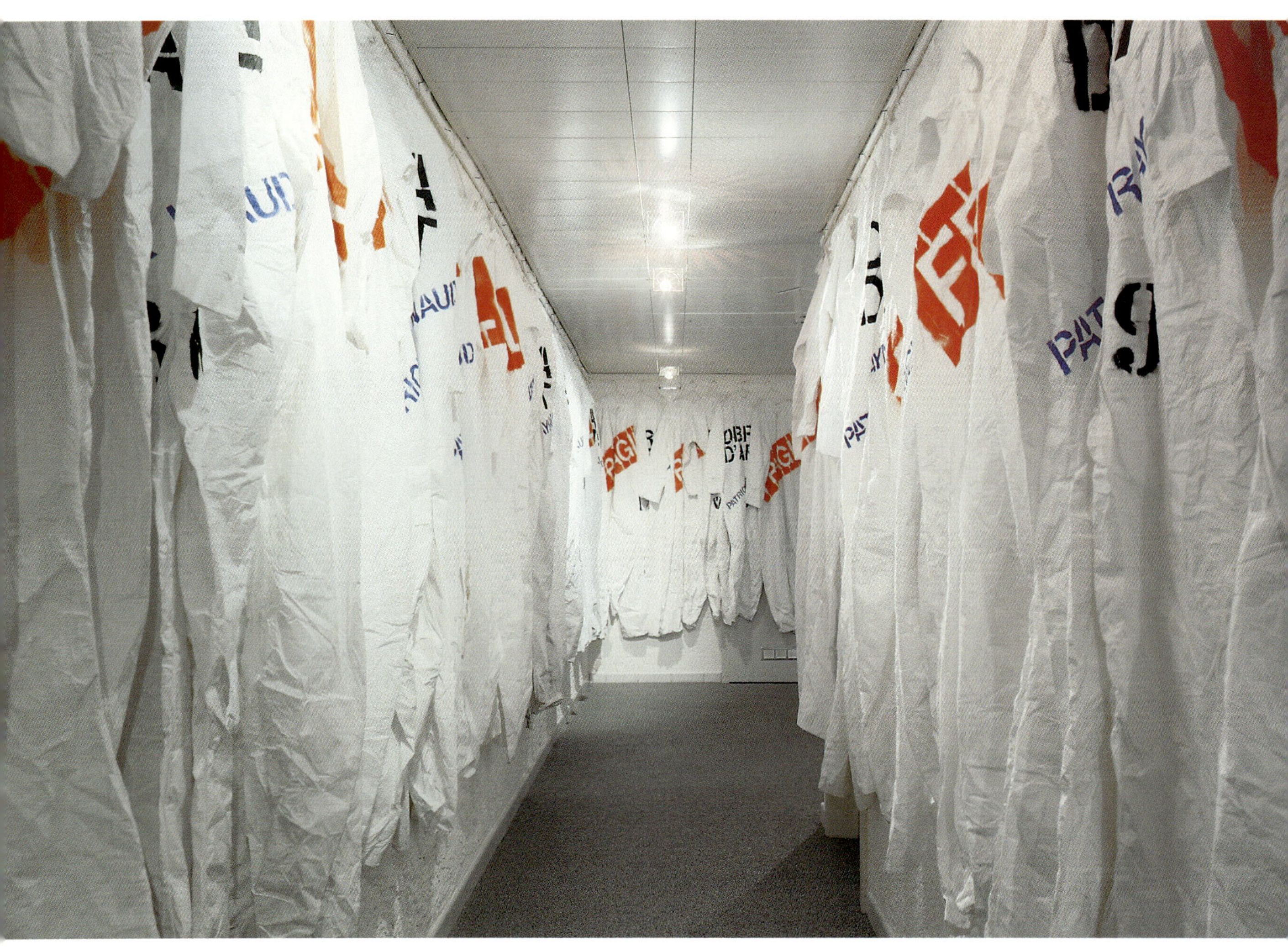

GARDES DU CORPS 1995
LEIBWÄCHTER Bedruckte Papieroveralls, Kleiderhaken
BODYGARDS Printed Paper Overalls, Coat Hangers

the Grave« made by a poster artist – ironically named **VERSION ORIGINALE** – comes to resemble a projection on the silver screen (this impression is reinforced by projecting advertising slogans onto the picture and by the background music of John Adams). Another exception is the work **REMBRANDT'S POSTCARDS**, whose blow-ups comment ironically on the customary extreme reduction of artworks on postcards. (In these two cases, as well, it is not just a question of perceiving a picture, but of also perceiving prefabricated forms of perception.)

Walter Benjamin defined the aura as »distance« that is also present in the closest proximity. In regard to the literary techniques of Modernism (for example, in Proust and Baudelaire), one could define »distance« in perceptual psychological terms as the effect of a process of association on current perception. In accordance with this, one could term »aura« the entirety of the images *stored in the perception of a body or around a picture. Perhaps that is the origin of the phenome-non of the reversal of glance we experience with artworks when seeing is joined by sensing, a feeling of being viewed by the things themselves.*

As elaborate as his glowing objects and space-taking installations often appear, the means Patrick Raynaud employs to reverse the glance are astonishingly simple; and it is as if a little switch in the weft of synapses of our consciousness had suddenly been touched. In the work CASQUES INTERPLANÉTAIRES (1990), the helmets used to protect welders' heads and eyes resemble knights' helmets with lowered visors (as part of an imaginary armor, they are also symbols of Vanitas). The tinted glass that protects the eyes from the blinding light of the glowing metal sparks is replaced by a picture of the planets. The viewer, who imaginatively puts himself in the place of the absent

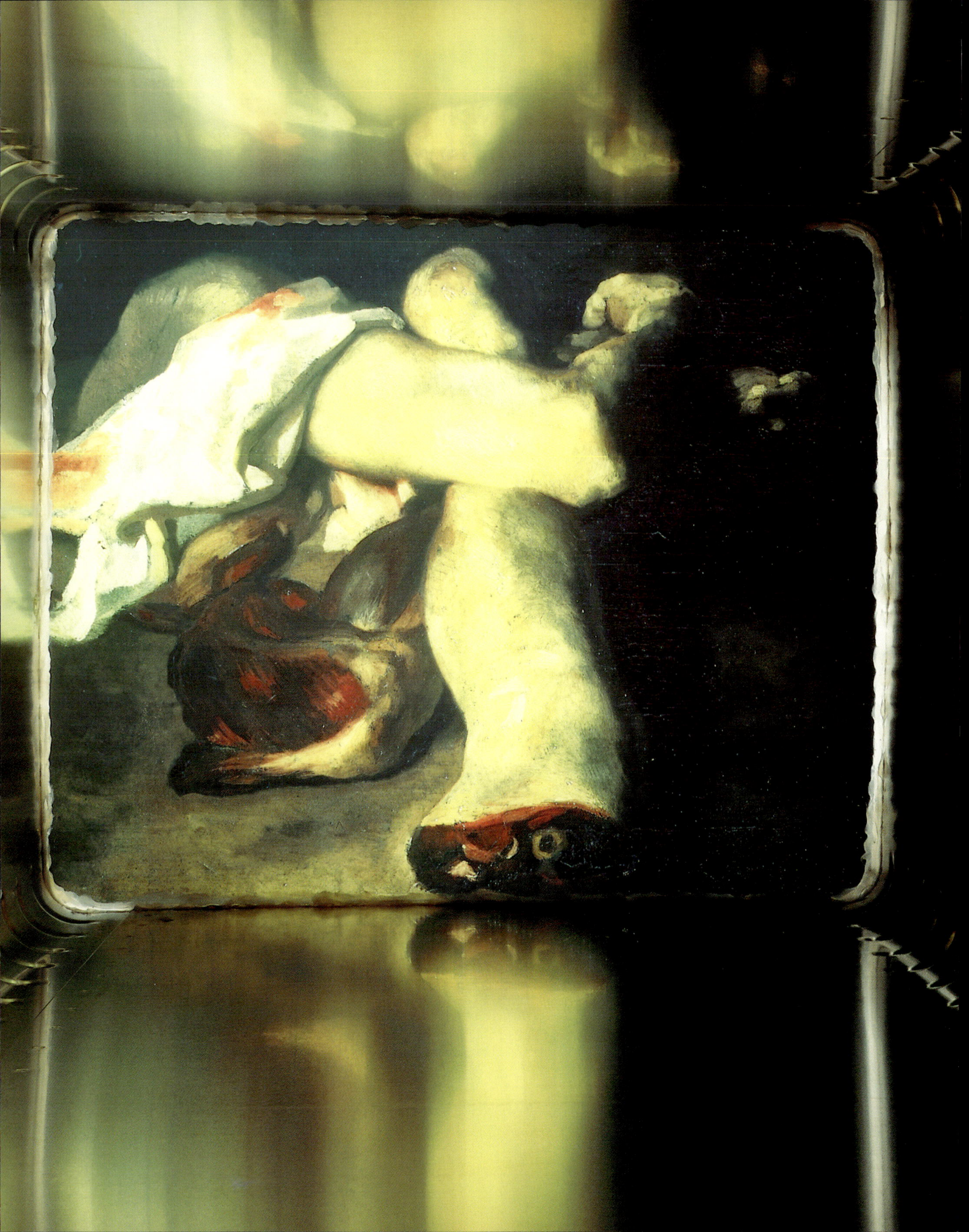

helmet-wearer, experiences two opposite directions of glance. One belongs to perception (the viewer sees the helmets), the other to perception of perception (the viewer imagines himself the wearer of a helmet). The poetic image of the planets of our solar system is brought into correspondence with the idea of the fountain of sparks (»constellations«). The image thus also marks a loss. Namely, our civilization produces so much light that the actual starry sky can hardly be perceived. Raynaud elevates this to consciousness in ironical manner in *LAMPE DE POCHE: CIEL* (1990).

Even when the neon light amplifies the coldness of the technical artifacts, his activation and intertwining of various levels of perception brings the images back up to body temperature, even if the bodies are themselves absent, as in *GARDES DU CORPS* (1995). The empty overalls with the label »Fragile« remind us that our fragile consciousness of the body has been additionally shaken by the collective threat of AIDS.

How can we imagine the diners who are to gather around the image of a naked body at the properly set table (*LE FESTIN CANNIBALE*, 1993) except as: baffled? The range stretched in our consciousness of the body is great. In the age of electronic communication, the skin has long since ceased to mark the boundary of the body. Historically, we are far removed from ritual devouring of the other (Greenaway sends his regards); perhaps it was even the invention of picture-making that ended cannibalism.

Today, face-to-face communication with other people seems to play only a marginal role anymore. Desire has been domesticated under the pressure of psychological, sexual, social, and political codes. The fragmentation of the body corresponds to the fragmentation of identity. Are both prepared in this way so they can, in the end, be more easily consumed – even without cannibalism?

1) The work originally bore the title »Cochons pendus« (literally »strung-up pigs«) in allusion to a French children's song.
   Patrick Raynaud changed the title because those who are not French do not understand the allusion.
2) Walter Benjamin: Das Kunstwerk im Zeitalter seiner technischen Reproduzierbarkeit (1936), Frankfurt am Main 1969
3) Cf. H.G. Haberl (Interview in: 90 years anniversary of KLEINE ZEITUNG, Graz Nov. 5., 1994)
4) Roland Barthes: Die helle Kammer, Frankfurt 1989

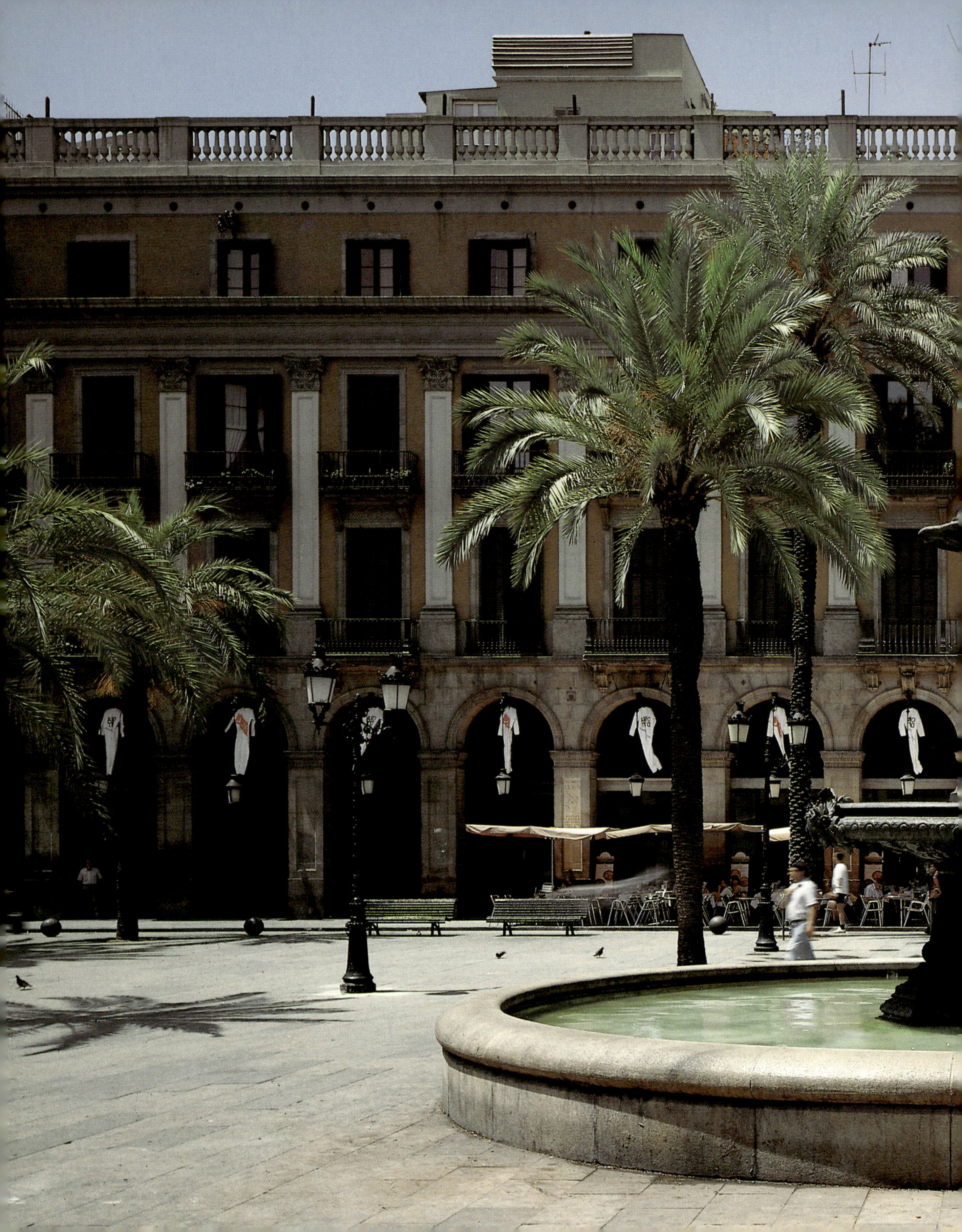

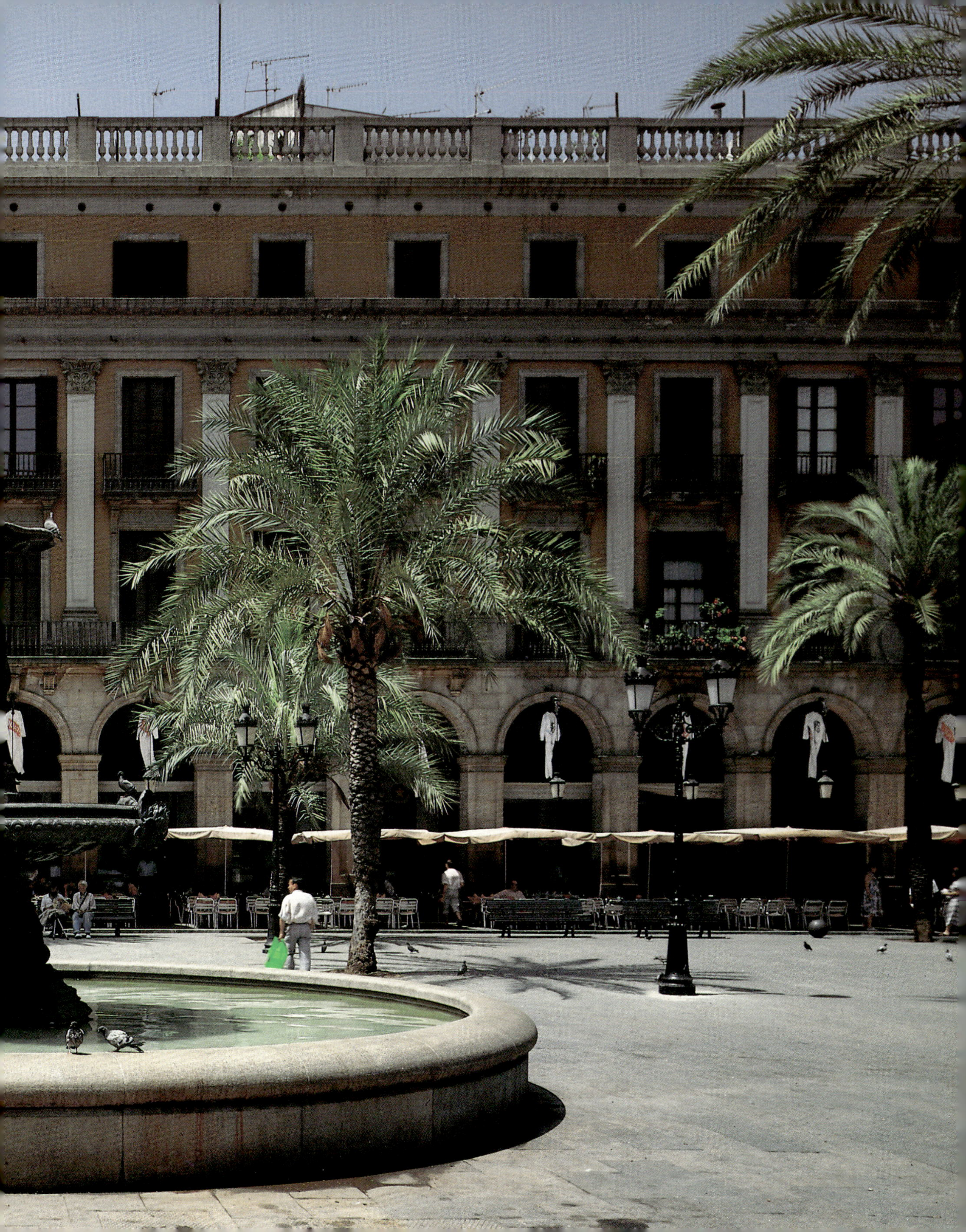

ÜBERLASSEN WIR UNS DEN KÖSTLICHEN SCHAUERN DES VERGESSENS

von Yves-Michel Bernard

Auf Einladung Sania Papas haben wir im August 1994 unter dem sommerlich heißen Himmel von Delphi das erste griechische Symposium für zeitgenössische Skulptur eröffnet. Patrick Raynaud war uns vorausgereist, um eine Installation in situ mit dem Titel FOUILLES (Ausgrabungen) zu realisieren. In einer rechteckigen Grube hatte der Künstler schematisch ein Skelett aus weißen Neonröhren rekonstruiert. Kleidungsstücke, die einem Archäologen gehört haben könnten, bedeckten teilweise die seltsame Silhouette. Nur ungefähr hundert Meter entfernt von einer der mythischsten Ausgrabungsstätten der antiken Welt trat Patrick Raynauds Arbeit durch ihre erbarmungslose Modernität hervor.*

Eines Abends führte uns sein Assistent zur Installation. Das fahle Licht, das aus der Grube heraufdrang, überflutete die Gesichter der am Rande Stehenden; alle diskutierten mit fieberhaftem Eifer, gratulierten dem Künstler, fotografierten das Werk. Plötzlich wurde uns das Paradox des ungehörigen Nebeneinanders unserer lebhaften, lauten Neugierde und dieser leisen, fiktiven Realität bewußt: Dieser Tod dort war unsere Freude.

* Sania Papa, Kunstkritikerin und Kuratorin, lebt in Saloniki und Paris

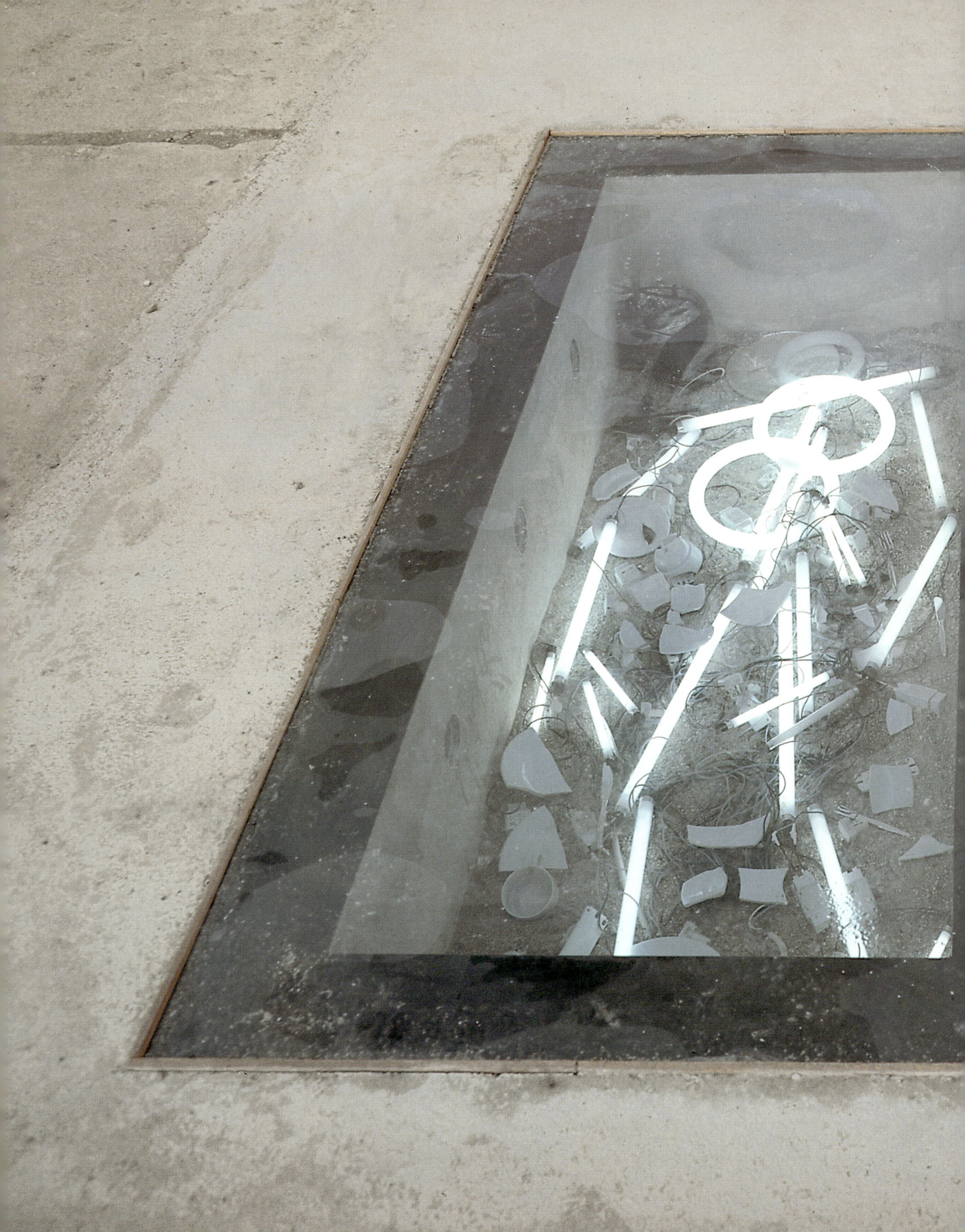

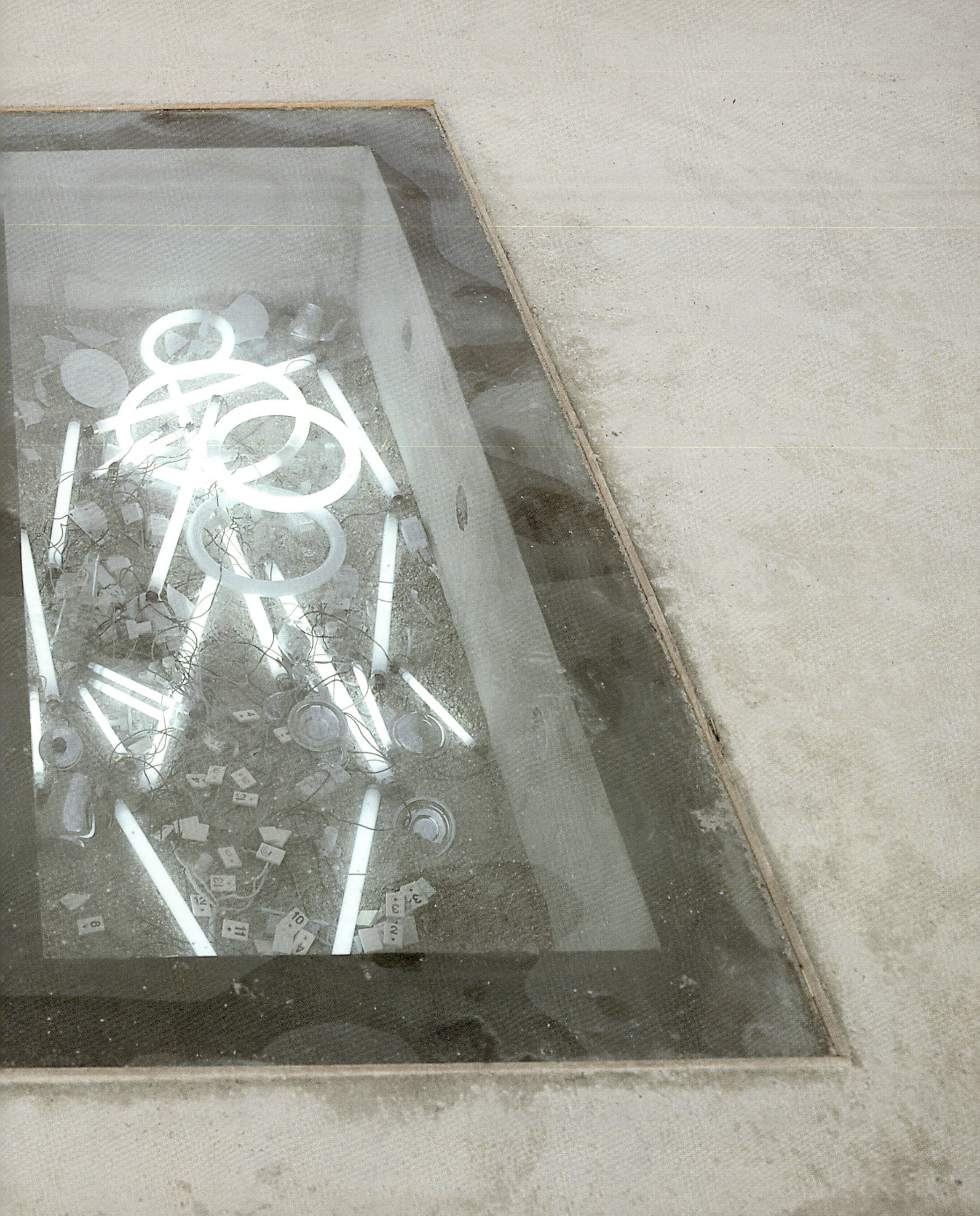

In jener delphischen Nacht verblaßte der »Körper« zu einem formlosen Lichthof, seine physische Präsenz löste sich im Raum auf. Wir erlebten die ästhetische Doppeldeutigkeit eines Augenblicks. Der seltsame Leuchtkasten, der unsere Gruppe beleuchtete, transformierte die rituelle Präsentation eines Körpers in die künstliche Komposition eines Totenbildes. Dieses Schwinden der Materie verlieh der virtuellen Dichte des Lichtes das unerträgliche Bewußtsein des Todes. In seiner radikalen Beschränkung auf eine immaterielle Dimension der Abstraktion stieß FOUILLES an diesem Abend an unsere geheimsten Ängste und unsere phantastischsten Gedanken in einer unendlich schönen und grausamen Fiktion. Wie schon die Arbeiten der vergangenen 15 Jahre legt es Patrick Raynauds FOUILLES auf eine Veränderung unseres Verhaltens an, hin zu einer Denkweise, welche die menschlichen Beziehungen hinterfragt. Bezüglich einer Kontinuität in der Produktion des Künstlers tut sich die Kunstkritik immer noch schwer, den Faden der Ariadne zu entwirren, der sich von den ersten Werken aus bemalten, ausgesägten und auf Scharnieren befestigten Holzteilen bis zu den aktuellen, in Luftfracht– oder Transportkisten eingelassenen Cibachromen spannt.

*In einem der interessantesten kritischen Kommentare über die ersten Werkreihen wie zum Bei-spiel die **PORCELAINES** (1979-82), die **BOUQUETS** (1980-82) und die **MASQUES** (1981-82) schreibt Pierre Restany in einem geradezu vorausschauenden Text zur Ausstellung in der Stiftung Gulbenkian in Lissabon: »Diese Gegenstände sind falsch, sicher, sie sind Dekorationen, Trugbilder, phantasti-sche Wahnvorstellungen. Sie dienen nur als Vorwand, um den Raum zu besetzen, sie haben keine Gegenwart, aber eine gewaltige Präsenz. Sie entziehen sich der Dauer, sie existieren außerhalb der Zeit.«[1]*

*Im selben, dem Künstler gewidmeten Buch erhellt Achille Bonito Oliva in bezug auf **MASQUES DES MÉTEORS** (1984) diese glückliche Unentschlossenheit der Kunst. In seiner Analyse verbindet der italienische Kunstkritiker die Fähigkeit, die ethnische Referenz der Maske in ein formales Motiv zu verwandeln, mit Martin Heideggers Definition der Poesie: »Die Poesie hat den Anschein eines Spiels, und ist es aber gleichzeitig nicht mehr. Das Spiel vereint die Menschen, aber auf sol-che Art und Weise, daß sich jeder einzelne Mitspieler darin gänzlich vergessen kann.« **COSY***

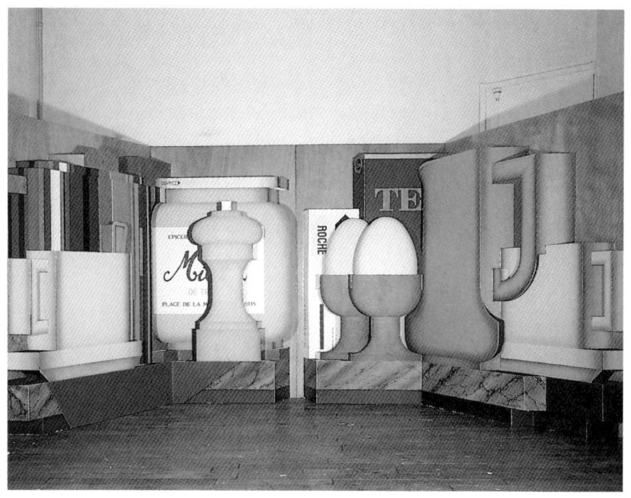

CORNER *(1978)*, **TEA POTS** *(1979)*, **SERVICE À DESSERT** *(1980) sind in der Tat riesige Spielzeuge,*

bestehend aus bemalten Holzplatten, die – präzisen Berechnungen folgend –, ihrer eigentlichen

Funktion entfremdete Haushaltsgegenstände darstellen. Die Vergrößerung respektiert gewissen-

haft die proportionalen Beziehungen, diktiert von einem einzigen Blickwinkel, dem der Euklidi-

schen Perspektive und des fotografischen Objektivs. Die Teller, Flaschen und Tassen sind flächig

bemalt, die subtile Perspektive des klassischen Stillebens verschwindet zu Gunsten der Dreidimen-

sionalität des mobilen Paravents, der funktionalen Vorwegnahme der Flugkisten der 90er Jahre.

Seit Anfang der 80er Jahre intensiviert Patrick Raynaud seine faszinierende Fähigkeit, die Rea-

lität zu objektivieren – bis hin zur scheinbaren Kopie, zur Konstitution einer Fiktion. 1993 schreibt

der Künstler: »Laßt uns weiter spielen, einfach nur zum Spaß. Überlassen wir uns den köstlichen

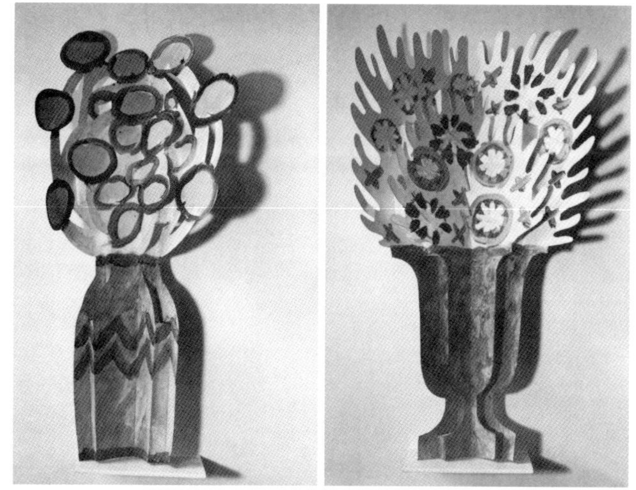

Schauern des Vergessens«. Wie schon die frühen Gemälde die Quintessenz der Objekte wiederge-

ben, um Wesentliches auszudrücken, so verleiht heute die Fotografie mit ihrer nahen Bildeinstel-

lung der extremen Banalität der bis zum Vergessen reproduzierten Gegenstände dieselbe offen-

sichtliche Präsenz. Einer kohärenten Vorgehensweise folgend, veranschaulicht diese Arbeitsme-

thode die aktuelle Problematik des Körpers durch Werke, die sich auf die Kunstgeschichte bezie-

hen und neutralisiert deren Sinnverlust.

In seinem Katalogtext »Patrick Raynaud – die verborgene Katharsis« präzisiert Lóránd Hegyi[2]

diesen Dualismus: »In dieser Präsentationsform wird der Körper, der einstmals lebendige, pulsie-

rende Organismus, zum Stilleben, zur ›nature morte‹, wobei ›morte‹ auf zwei Bedeutungsebenen

verweist: einerseits auf die ›Momentaufnahme‹, welche die Dinge in einer Stille, in extremer Bewegungslosigkeit präsentiert, die nur im Tod existiert und welche immer ein quälendes, beunruhigen-

des Gefühl hervorruft; andererseits auf den Akt der Darstellung, der Nachahmung, die Lebendiges

›nur‹ in der Form eines Bildes, in der Form der Abbildung und nicht in deren ursprünglicher Leben-

digkeit zu präsentieren vermag.« Das Rätsel auf die Künstlichkeit und die Theatralik der Darstel-

lung zu gründen, scheint also die wirkliche Konstante des Werkes auszumachen. Zwei Werkgrup-

pen führen uns in dieses totale Engagement ein: die eine von 1987, zuerst mit PETITS VOYAGES

GIRONDINS[3] und danach mit TRANSPORT[4] betitelt, setzt sich aus verschiedenen, gleichgroßen

Kisten zusammen, die jeweils einen Cibachrome-Abzug »beinhalten«, auf denen Kleidungsstücke,

Dokumente, Kataloge, ein Reisepaß usw., also die ikonografischen Attribute des Künstlers auf Rei-

sen zu sehen sind. Die zweite, monumentalere Gruppe von 1988 präsentiert unter dem Oberbegriff

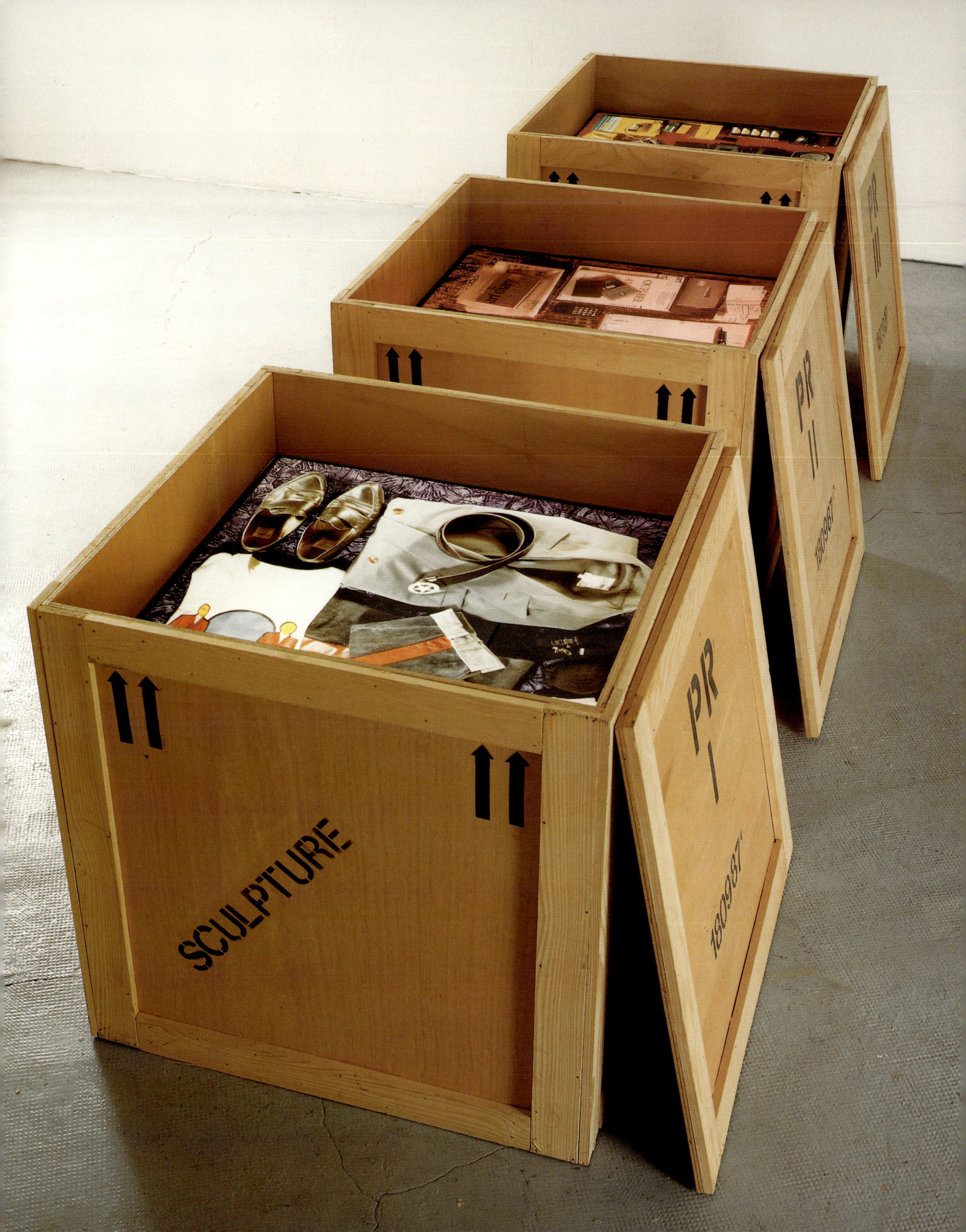

SCULPTURE
PR I
18.09.87
PR II
18.09.87

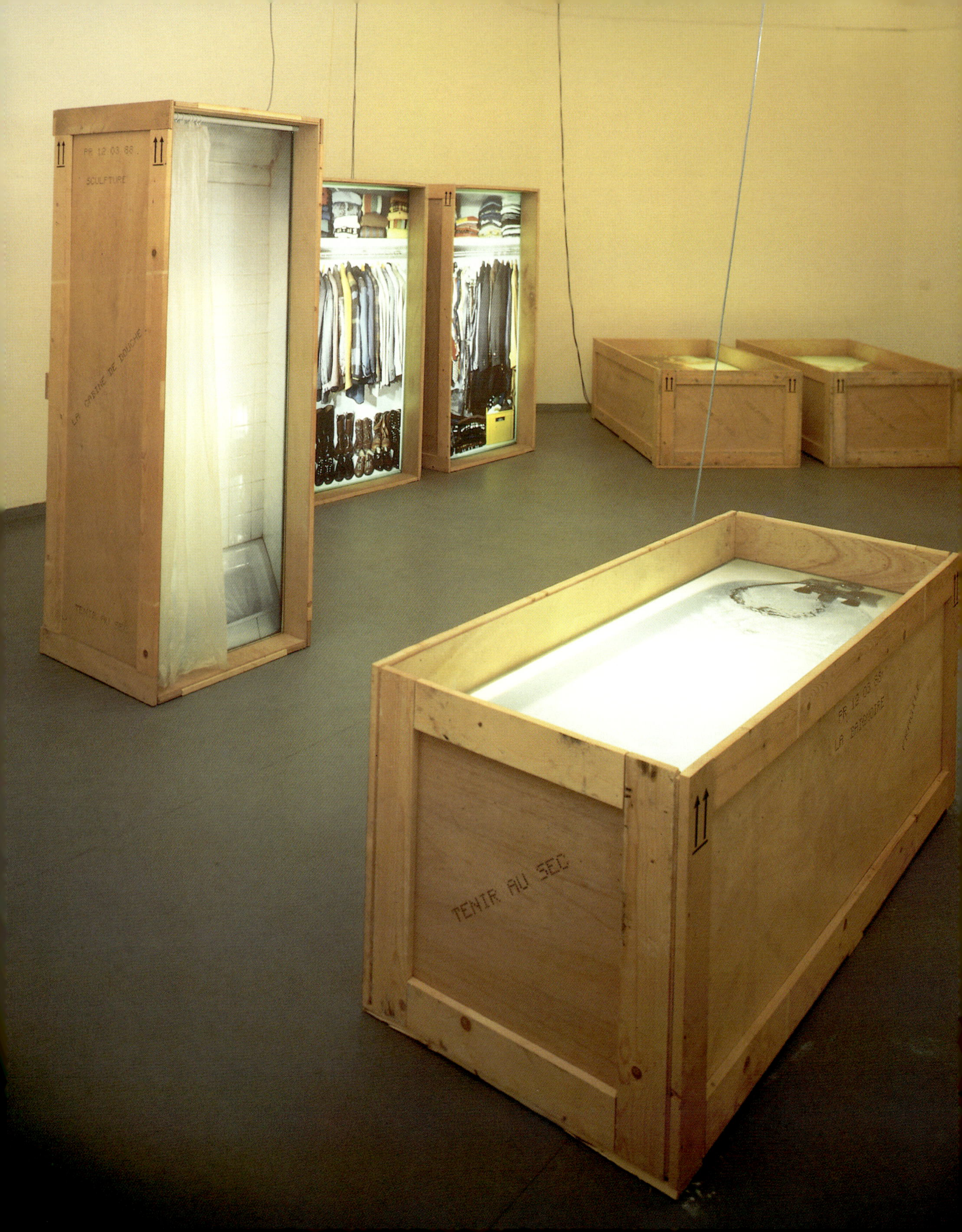

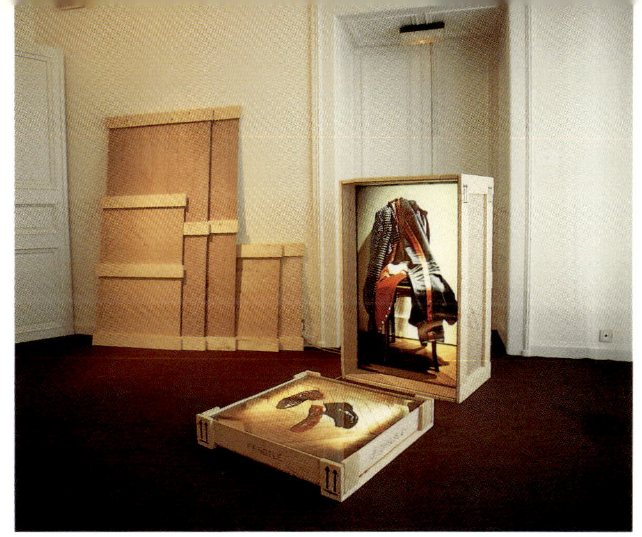

L'APPARTEMENT DE L'ARTISTE[5] *verschiedene Möbelstücke: einen Stuhl, einen am Boden liegen-*

den Bademantel, eine Dusche, einen Kleiderschrank, ein Doppelbett, eine Badewanne usw., d.h.

das Alltagsleben des Künstlers und dessen einzigartige Radikalität, hier reduziert auf die Innen-

räume von Transportkisten für Kunstwerke.

Durch diese Geste setzt Patrick Raynauds Kunst auf die Menschen, wie sie sind, nämlich deut-

lich verschieden von dem Idealmodell, das die Geschichte der Malerei sich erträumt haben mochte,

und, an deren Anspruch gemessen, durchaus enttäuschend. Nur haben diese Menschen dennoch

ihre Werte, ihre Kämpfe, haben auch sie ihre Wahrheit, die es zu respektieren gilt.

Mithin versucht diese mimetische Repräsentation der Objekte nicht mehr, »Stilleben« zu insze-

nieren, sondern träumt den utopischen Charakter unserer Existenz. In TRANSPORTS und L'APPAR-

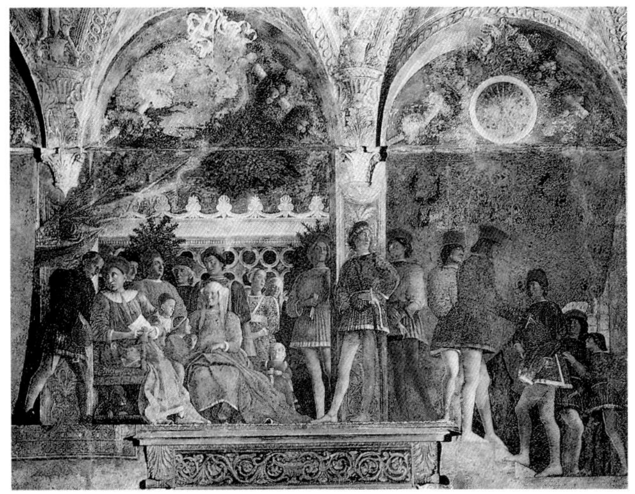

TEMENT DE L'ARTISTE* gibt es das gleiche Moment enttäuschten Lebens, das uns erfaßt, wenn wir

im Palazzo Ducale in Mantua die »Camera degli Sposi« des Schlosses San Giorgio betreten. Es ist

das gleiche absolute Verlangen, das gesamte private Leben in der Stille eines einzigen Saales aus-

zustellen, um den Gefühlen freien Lauf zu geben. »In der Strahlkraft und Würde«, so Yves Bonnefoy[6],

»die das Geheimnis der camera ausmachen, findet man den unantastbaren Wert des Lebens auf

dem abweisenden Gesicht des Höflings...

Nicht nur weil uns Zeichen fehlen, mit deren Hilfe wir enträtseln könnten, sondern weil hier

dieser in anderen Werken zentralen Idee des Augenblicks, in dem die Tätigkeit versinkt, von

Anfang an durch den vagen Eindruck eines wie erstarrten Bewußtseins widersprochen wird, ein

Eindruck, der von allen Seiten den unbestimmten Blick, die Bewegungslosigkeit der Protagonisten

Andrea Mantegna
CAMERA DEGLI SPOSI 1474 vollendet / accomplied
Mantua, Castello di San Giorgio

verstärkt. Es ist wie mitten in einem Traum, durch den die Ewigkeit in der Zeit mündet und sie

trübt.«

Eben diese, durch die Überfülle der Gegenstände hervorgerufene Reglosigkeit umschließt in

L'APPARTEMENT den Körper des schlafenden Modells, das sein Gesicht im Kopfkissen vergräbt.

Die Beleuchtung dieses Engels verdichtet die dramatische Dimension der Szene und unterstreicht

»den vagen Eindruck eines wie erstarrten Bewußtseins«. Daher tritt der Akt der Repräsentation

dieses unteilbaren Ensembles, die Zwillingshaftigkeit bestimmter Gegenstände in der komplexen

Beziehung der Wünsche und Interessen zutage, die jenseits des erzählten Geschehens liegen.

Diese ungezügelte Aneignung der vergänglichen Werte der Welt objektiviert den utopischen

Charakter der Suche. Die Verbalisierung, die alles zu bezwingen glaubt, die Realität, die alles auf-

zudecken glaubt, der Scharfblick, der alles zu kontrollieren glaubt, sind nichts gegenüber dem

uneingeschränkten Engagement unseres Unbewußten in diesem diffusen Moment unseres eige-

nen Denkens.

Wenn Patrick Raynaud vom Tod zu sprechen scheint, dann, um uns um so näher an jene Begei-

sterung, jenes Gefühl irreal anmutenden Genusses, jene Beharrlichkeit heranzuführen, die das

Leben uns eingibt.

Um eine weitere Parallele zum Werdegang Andrea Mantegnas aufzuzeigen, erinnere ich daran,

daß Mantegna während seiner Arbeit an den Fresken der »Camera degli Sposi« in Mantua die Skiz-

zen zur »Beweinung Christi« für die Mailänder Brera entwarf – wie um sich zu überzeugen, daß der

Ort der Wahrheit seiner Unruhe standhält.

1) Patrick Raynaud, »Comédies et Mystères«, Verlag Jacques Damase, Paris, 1985

2) Patrick Raynaud, »Ball der Junggesellen«, Museum Moderner Kunst Stiftung Ludwig Wien, 1993

3) »Petits Voyages Girondins«, Galerie Ek'ymose, Bordeaux, 1987

4) »Transports«, Galerie Optica, Montréal, 1987

5) »Un Sculpteur en Voyage«, Centre d'Art Contemporain, Montbéliard, 1988

6) Yves Bonnefoy: Mantegna, Rizzoli Verlag, Mailand, 1967

ARCHÉOLOGIE DU FUTUR 1996
ARCHÄOLOGIE DER ZUKUNFT Plastik, Leuchtröhren, Alltagsgegenstände
ARCHAEOLOGY OF THE FUTURE Plastic, Fluorescent tubes, Divers objects

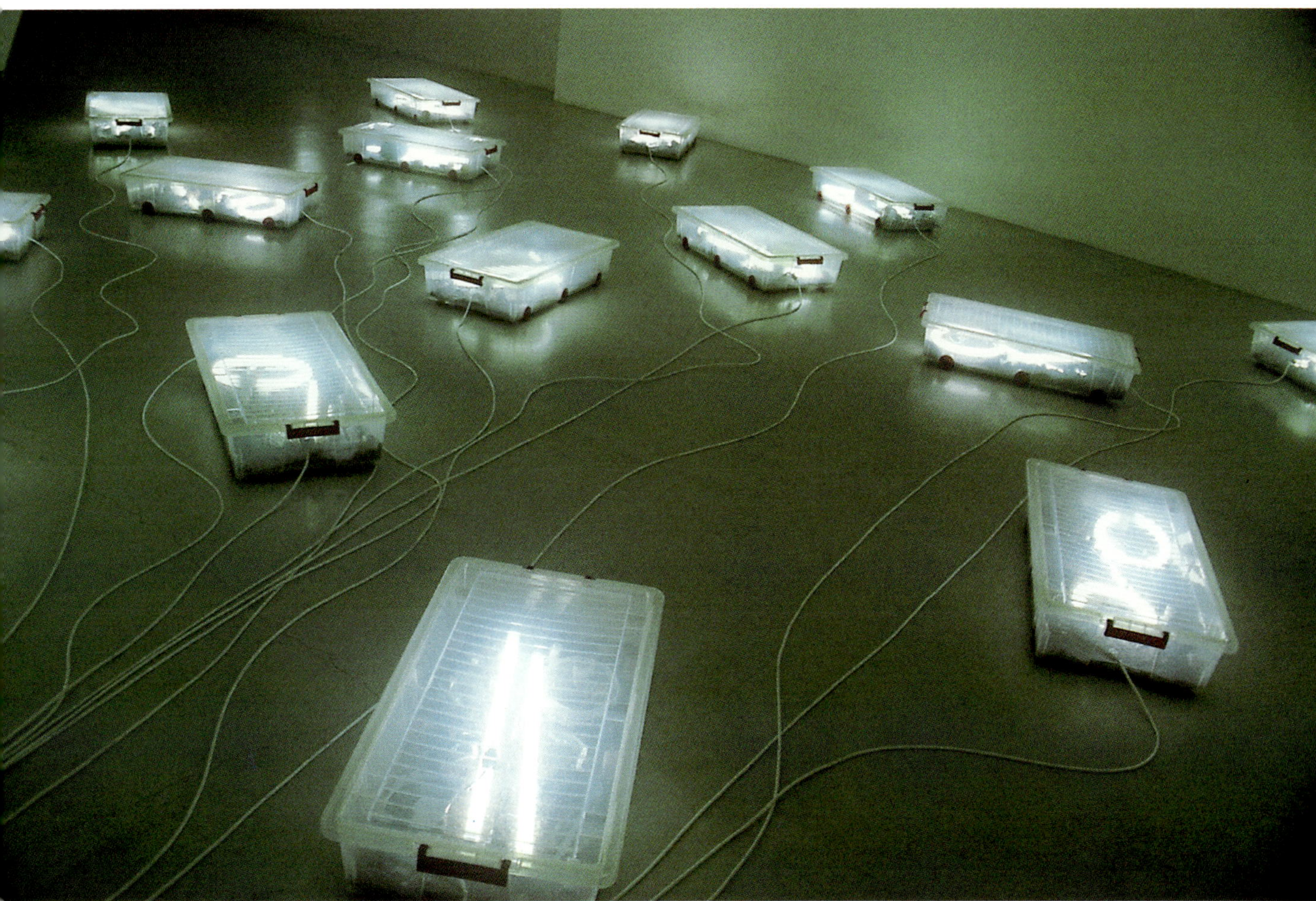

DANCEPOWER 1988

Bühnenbild für L'Opéra de Paris (GRCOP): Luftfrachtkisten, Vorhang, Kronleuchter, Spiegel
Decors for the Paris Opera (GRCOP): Flight Cases, Curtain, Chandelier, Mirror

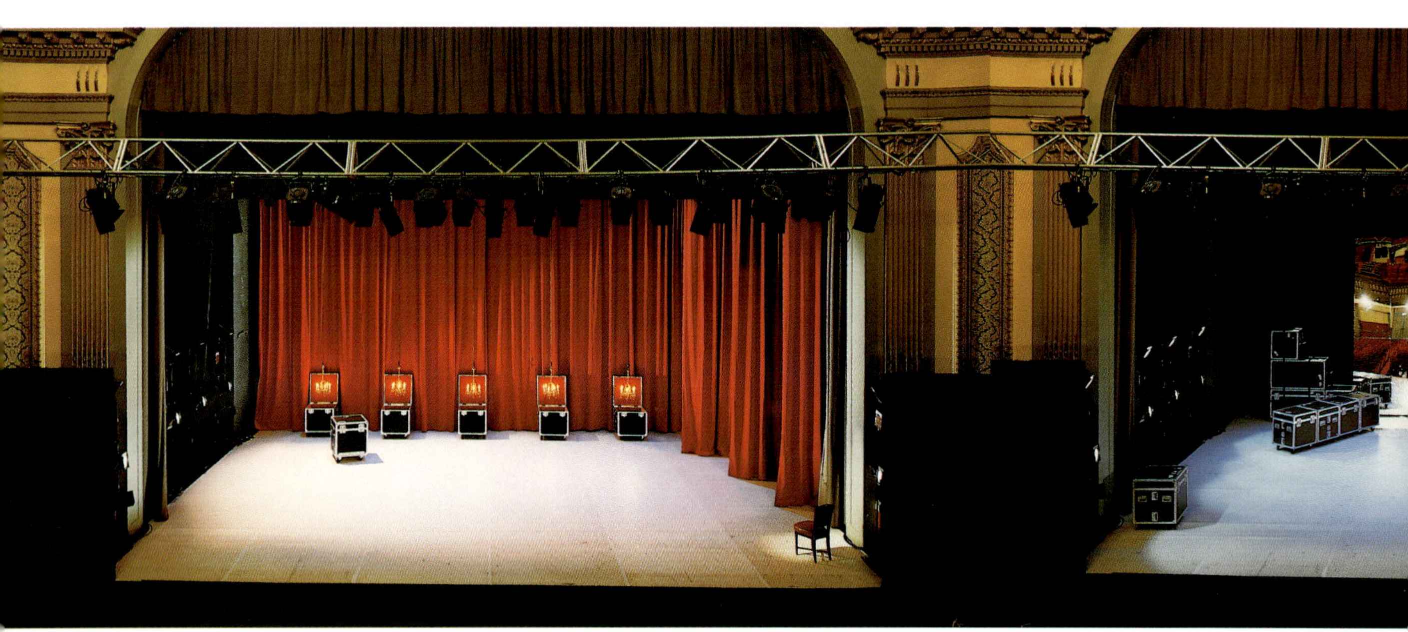

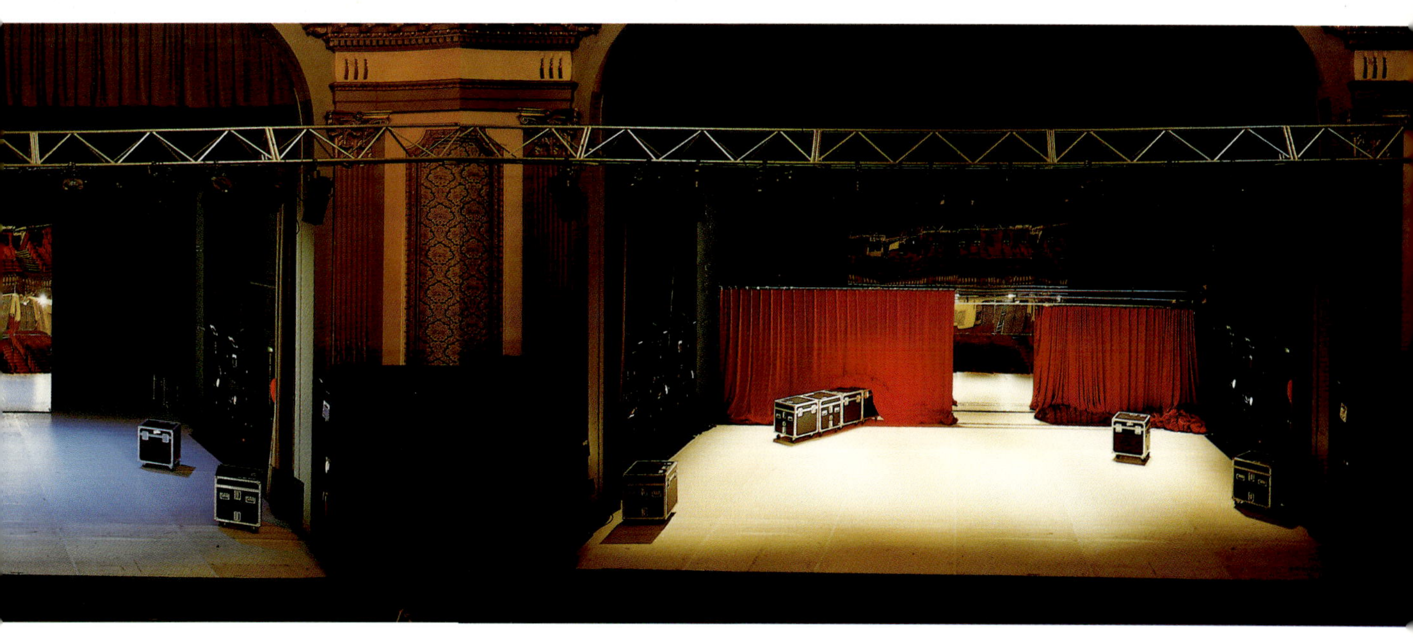

LET THE DELICIOUS TINGLE
OF FORGETFULNESS INVADE US

by Yves-Michel Bernard

In August 1994, at the invitation of Sania Papa, and in the summer heat of Delphi, we took part in the inauguration of the first Greek symposium on contemporary sculpture. Patrick Raynaud proceeded us by a few days in order to install his site specific work entitled FOUILLES (Excavations). The artist schematically reconstituted a skeleton composed of white fluorescent tube lights placed within a rectangular pit. Clothes, which could have belonged to an archaeologist, partially covered this strange silhouette. About a hundred meters from one of the most mythical excavation sites of the antique world, Patrick Raynaud's creation stood out by it's unpitying modernity.*

One evening his assistant fetched us to the site. Pallid fluorescent light lit up the faces of those gathered around the funerary pit; everybody was engaged in feverish discussion, congratulated the artist, and photographed the installation. Suddenly we realised the paradox of the incongruous juxtaposition of our loud, living curiosity and this silent fictive reality: we were rejoicing in death.

In the Delphian night the »body« blurred into a luminous informal halo, it's physical presence diluted in space. We were experiencing the esthetique uncertainty of a moment. The strange lumi-

* Sania Papa, Art Critic and Curator, lives in Saloniki and Paris

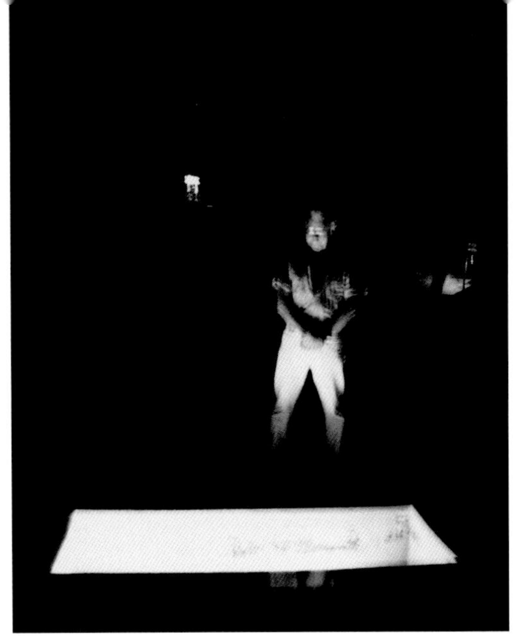

nous case which flooded the periphery of our group displaced the ritual presentation of the body towards it's own artificial recomposition. This whittling away of matter conferred an unbearable consciousness of death to the light's virtual density. That night, in it's radical reduction to an immaterial dimension of abstraction, **FOUILLES** transgressed our most secret fears and fantastic thoughts in an infinitely beautiful and cruel fiction. As his work has done for the past fifteen years, Patrick Raynaud's installation in Delphi experimented with modifying our behavior, pushing it towards a mode of thinking which questions human relations. Still, regarding the continuity of the artist's production, critical analysts remain unable to untangle the thread leading from his early painted wood pieces, cut out of boards and articulated by hinges, and his latest cibachromes which are mounted in flight cases and crates meant for transportation.

FOUILLES 1994 Installation in Delphi
AUSGRABUNGEN Leuchtröhren, Alltagsgegenstände
EXCAVATIONS Fluorescent tubes, Divers objects

Among the most interesting commentaries about the earliest series: PORCELAINES (1979–82), BOUQUETS (1980–82), and MASQUES (1981–82), Pierre Restany's analyses is of particular interest. In a text about Patrick Raynaud's exhibition at the Gulbenkian Foundation in Lisbon, he wrote, with a certain premonition of things to come: »These objects are, of course, false, they are decors, illusions, phantom phantasms. They only exist as pretexts to occupy space, they have no present, but an immense presence. They escape longevity, they exist outside of time.«[1]

In the same book about the artist, and in writing about MASQUES ET MÉTEORES (1984), Achille Bonito Oliva reveals a certain happy indeterminacy in art. In his analysis, the Italian critic associates the capacity to transform a masque's ethnic motif with Martin Heidegger's definition of poetry: »Poetry has the aspect of a game but at the same time no longer is. A game unites people but in such

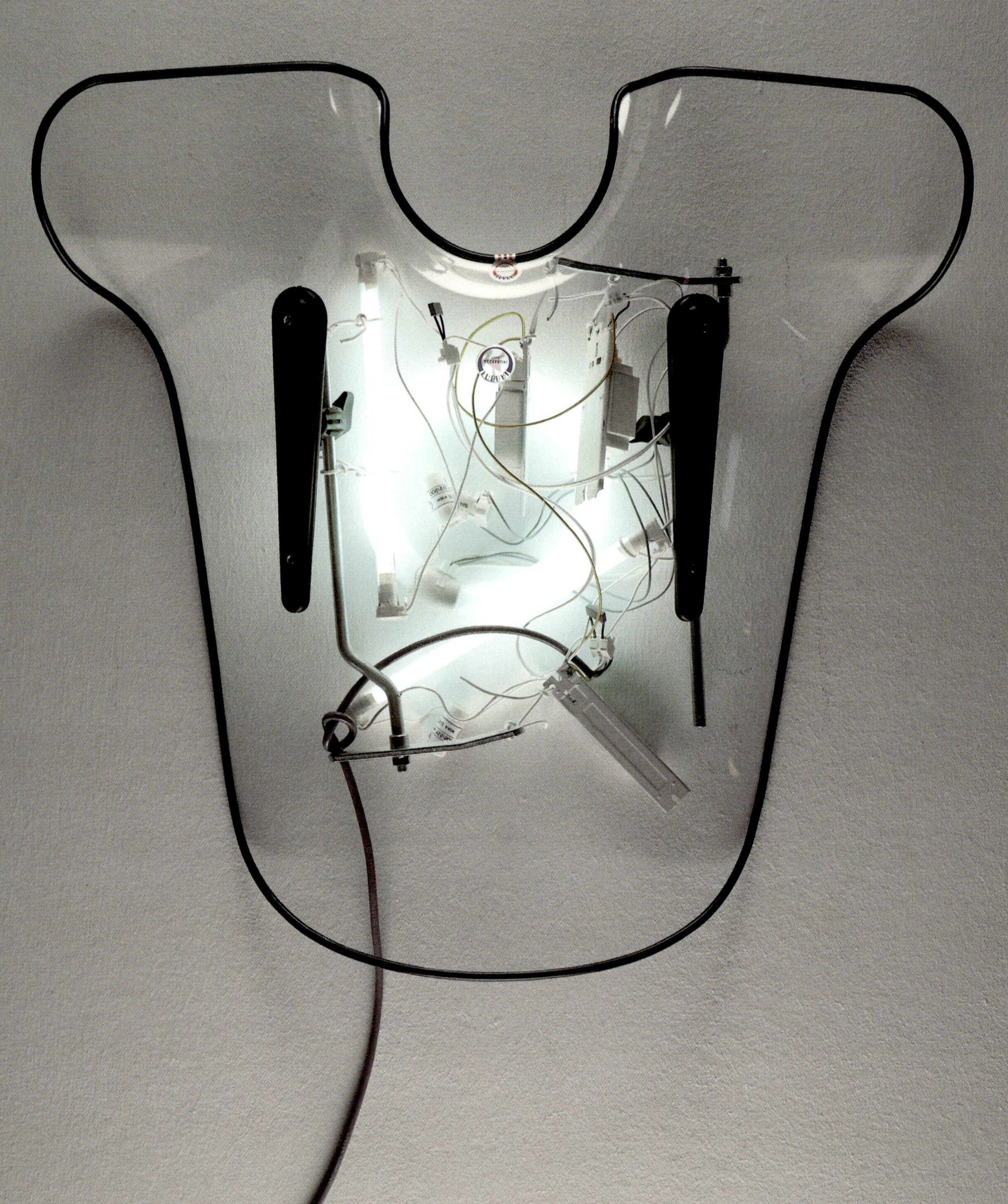

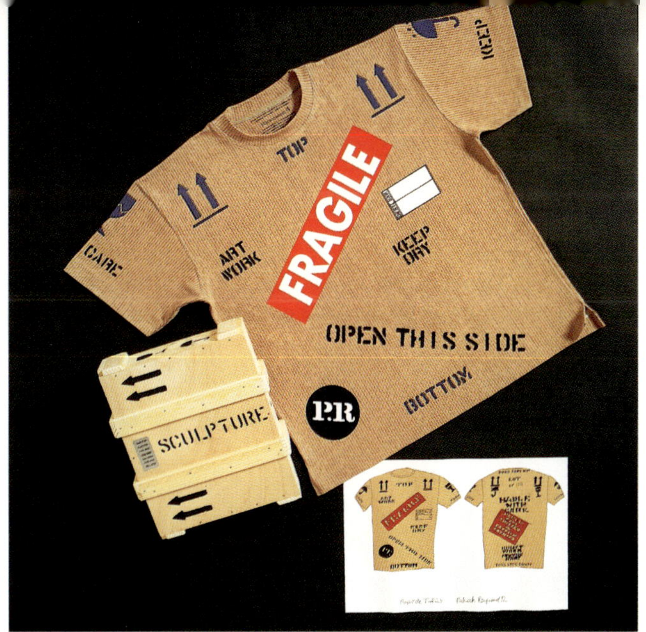

T-SHIRT TORSO 1994
Serie Edition Flammarion 4, Paris
Bedruckter Stoff, Holzkiste
Printed textile, Wood case

a way, that one forgets oneself.« **COSY CORNER** (1978), **TEA POTS** (1979), **SERVICE À DESSERT** (1980),

are in fact immense toys formed by painted wood panels which, following precise calculations,

reproduce domestic objects while distorting their original signification. The enlargements scru-

pulously respect the proportional relations dictated by a single point of view; the eye's Euclidean

perspective, and that of the camera's lens. The plates, small bottles, and cups are flatly painted.

The subtle perspective of the classical still life disappears, replaced by the three-dimensionality of

the mobile folding screen in a prefiguration of the functionalist flight cases of the '90s.

Thus, since the beginning of the '80s and right up through his most recent work, Patrick Raynaud

has intensified his capacity to objectify reality, to the point of creating a copy, of constituting a fic-

tion. »Let's play some more, just for the fun of it«, he wrote in 1993, »let the delicious tingle of for-

TORSO 1994
Gebogenes Plexiglas, Gummi, Metall, Leuchtröhren, Elektrokabel
Shaped Plexiglas, Rubber, Metal, Fluorescent tubes, Wires
Sammlung / Collection Brigitte March, Stuttgart

getfulness invade us.« In the same way that the evident presence of the first paintings translated the quintessence of the object so as to reach it's essence, today's tightly framed photographs confer the same evident presence to the extreme banality of the objects they picture. This method of working, which follows a coherent program, puts the problem of the body, encountered in works referring to the history of art, into perspective, and neutralises an apparent loss of meaning.

In his catalogue text, »Patrick Raynaud – the hidden catharsis«, Lóránd Hegyi[2] precisely specifies this duality: »In this form of presentation, the body, once a living animated organism, becomes a ›still life‹: on the one hand it is a frozen moment presented in silence, in a state of extreme inertia, which exists only in death, and which always expresses painful and disquieting emotion; on the other hand, it is an act of representation, of imitation, which shows the living ›uniquely‹ in

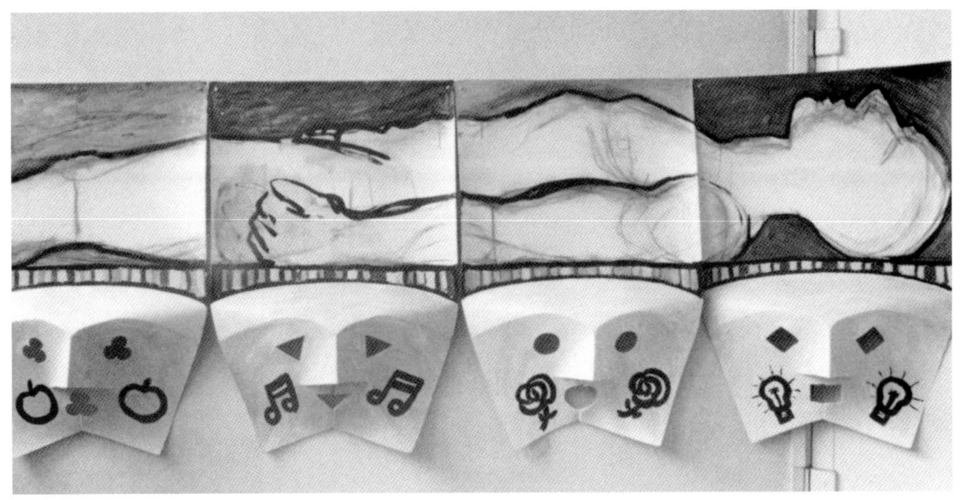

the form of a tableau, an image which is unable to present it in it's initial vivacity«. To base the

enigma on artifice and the theatre of representation seems, then, to be a constant in the work. Two

groups of sculptures initiate us to this commitment: one, created in 1987 and at first called *PETITS*

VOYAGES GIRONDINS[3] and later *TRANSPORT*[4] was composed of several crates of equal dimen-

sions each »containing« a cibachrome photograph. Picturing clothes, documents, pamphlets, a

passport etc, they are iconographic panoplies of the artist in travel. The other more monumental

ensemble, with the generic title *L'APPARTEMENT DE L'ARTISTE*[5] (1988), depicts a few elements of

furniture: a chair, a bathrobe lying on the floor, a shower, a double closet, a double bed, a bathtub

etc., the singular radicality of the artist's daily life reduced to the interiors of crates destined to

transport art.

MASQUES 1980–81
MASKEN (Ausschnitt) Atelierinstallation, Papier
MASKS (Detail) Studio installation, Paper

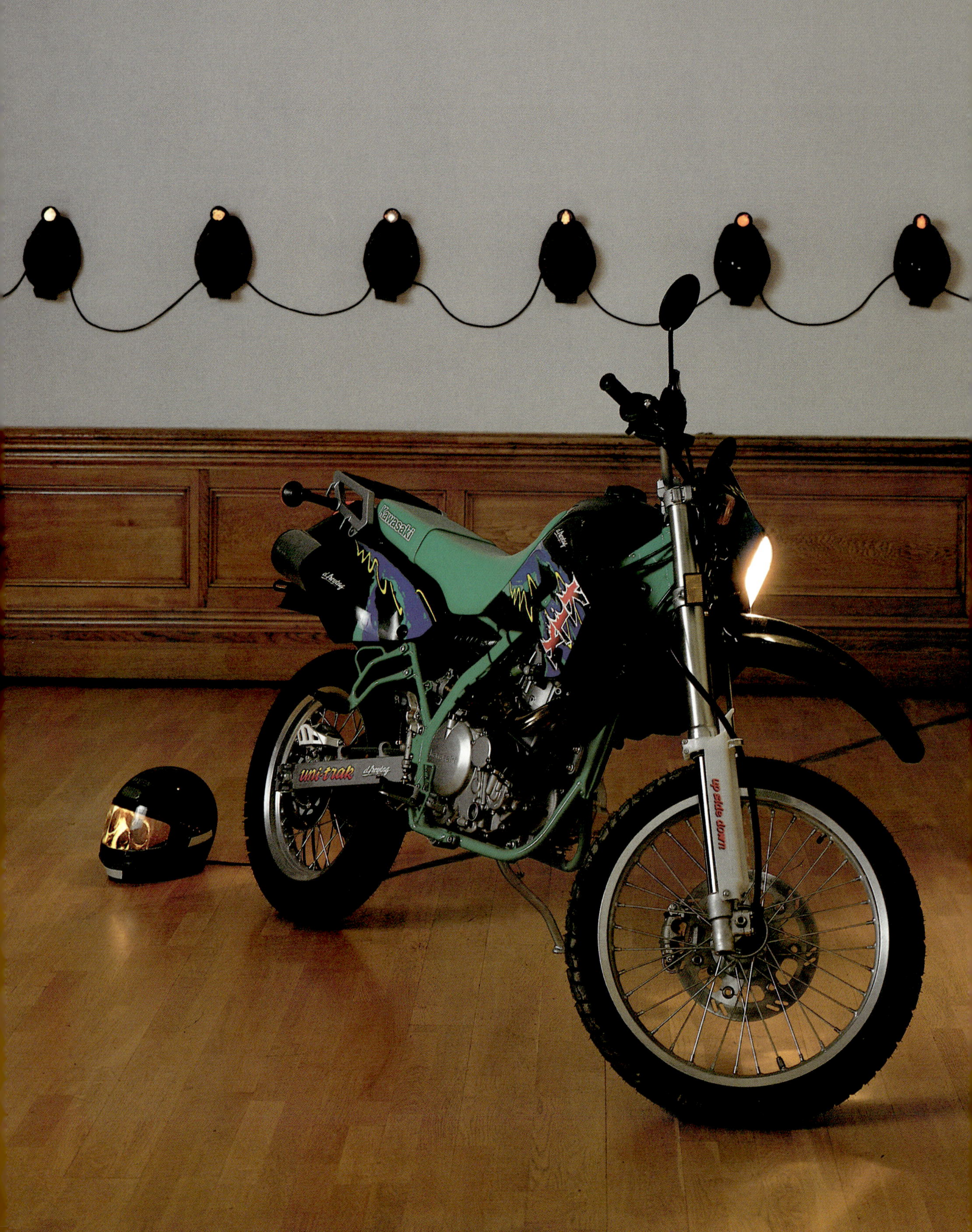

Kawasaki
uni-trak
up side down

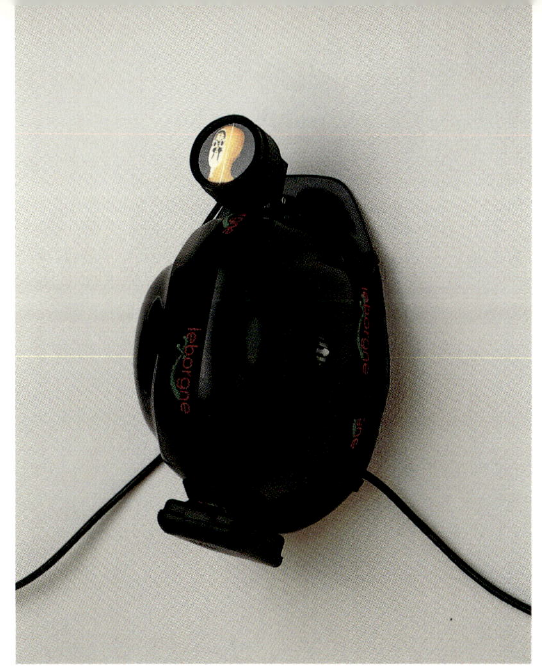

VANITÉ MOTO 1993

VANITAS MOTORRAD Motorrad, Motorradhelm, Cibachrome
VANITY BIKE Motorcycle, Helmet, Cibachrome

SCIENCE HELMETS 1993

WISSENSCHAFTSHELME Helme, Cibachrome
SCIENCE HELMETS Helmets, Cibachrome

In this way Patrick Raynaud places his art in the realm of banality, peopled by beings stripped of artifice, very different from the idealised model of art history, and disappointing from the point of view of it's requirements, except that they nevertheless have their values, their struggles, and their truths, and that this in itself is something which we respect.

Thus this mimetic representation of objects takes on new meaning, it no longer appears to be a »mise en scène« of still lifes, but rather a depiction of the utopian character of our existence. In TRANSPORT and L'APPARTEMENT DE L'ARTISTE one feels the same instant of disappointed life that invades one when one enters the »Camera degli Sposi« of the Castillo San Giorgio in Mantua; the same absolute desire to totally expose private life in the silence of a single room in order to give free rein to emotion. Yves Bonnefoy [6] remarks that: »In the room there is a field, a gravity, in it's

LE LIT DOUBLE 1988
DAS DOPPELBETT Holzkisten, Cibachrome
THE DOUBLE BED Wood Cases, Cibachrome

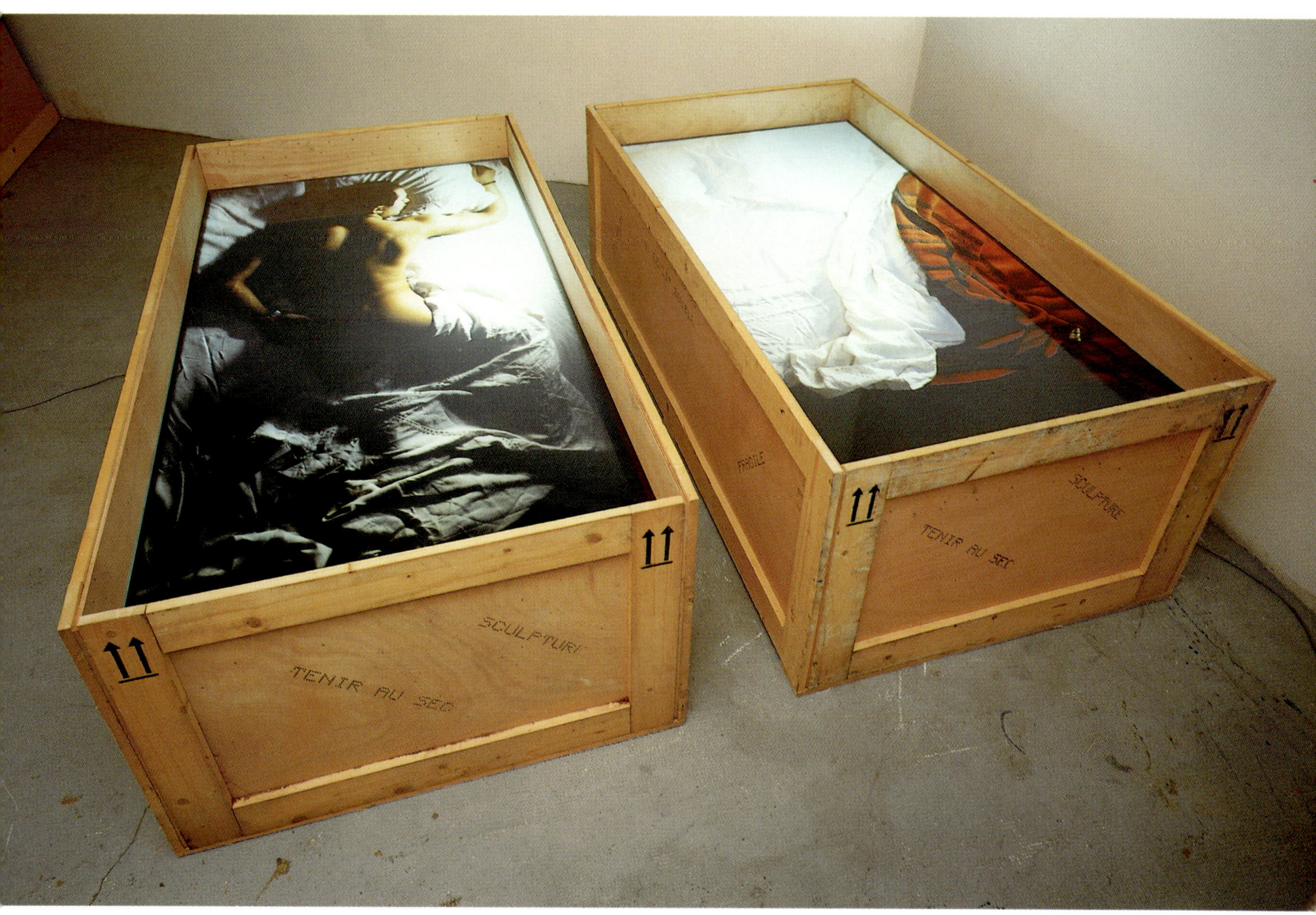

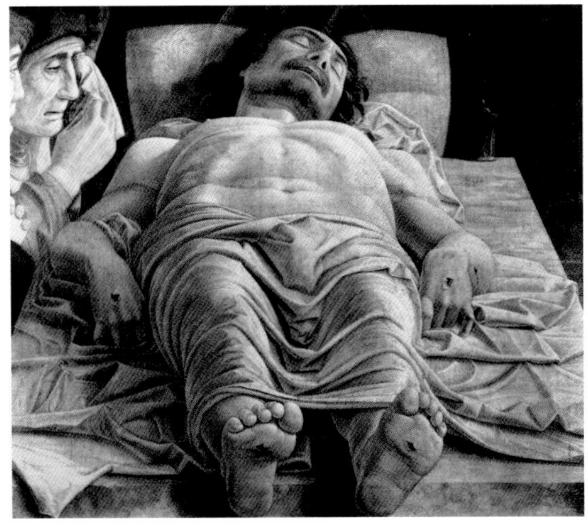

mystery we find the sacred value of life engraved upon the cool face of the courtesan. It is not only because we lack the necessary signs that we can not decipher the given information, it is also because the very suggestion of a critical moment of action, an idea which is central to other works of art, is here contradicted by an impression of suspense, of numbed conciousness«.

In **L'APPARTEMENT DE L'ARTISTE** this same immobility, called forth by the encumbrance of objects, besieges the sleeping model's body, whose face is buried in the pillow. The lighting of the subject crystallises the dramatic dimension of the ensemble and underlines the »impression of suspense, of numbed consciousness«. As a result, the act of representing this indivisible panoply, and the twin-like resemblance of certain objects, coalesce in the complex relationships of the de-

Andrea Mantegna
DER TOTE CHRISTUS, BEWEINT VON MARIA UND DEM
HEILIGEN JOHANNES 1480-1490
THE DEATH CHRIST, LAMENTATION OF MARIA AND ST. JOHN
Mailand, Pinacotecca di Brera

sires and vested interests which the telling of the story ignores. The unbridled appropriation of the world's temporal values objectifies the utopian character of the quest. This all constraining verbalization, this all revealing reality, and this all controlling lucidity are nothing compared to the total commitment of our subconscience in this disjointed moment of private thought. If Patrick Raynaud seems to be speaking to us about death, it is in order to better describe this passion, this sensation of the unreal in pleasure, this perseverance to live. If I were to allow myself another comparison to Andrea Mantegna's career, I would recall that it was during his stay in Mantua for the frescos of the »Camera degli Sposi« that he sketched »The Dead Christ« of the Brera museum, Milan, as if to verify that the place of truth could withstand his unease.

1) Patrick Raynaud, »Comédies et Mystères«, Verlag Jacques Damase, Paris, 1985
2) Patrick Raynaud, »Ball der Junggesellen«, Museum Moderner Kunst Stiftung Ludwig Wien, 1993
3) »Petits Voyages Girondins«, Galerie Ek'ymose, Bordeaux, 1987
4) »Transports«, Galerie Optica, Montréal, 1987
5) »Un Sculpteur en Voyage«, Centre d'Art Contemporain, Montbéliard, 1988
6) Yves Bonnefoy: Mantegna, Rizzoli Verlag, Mailand, 1967

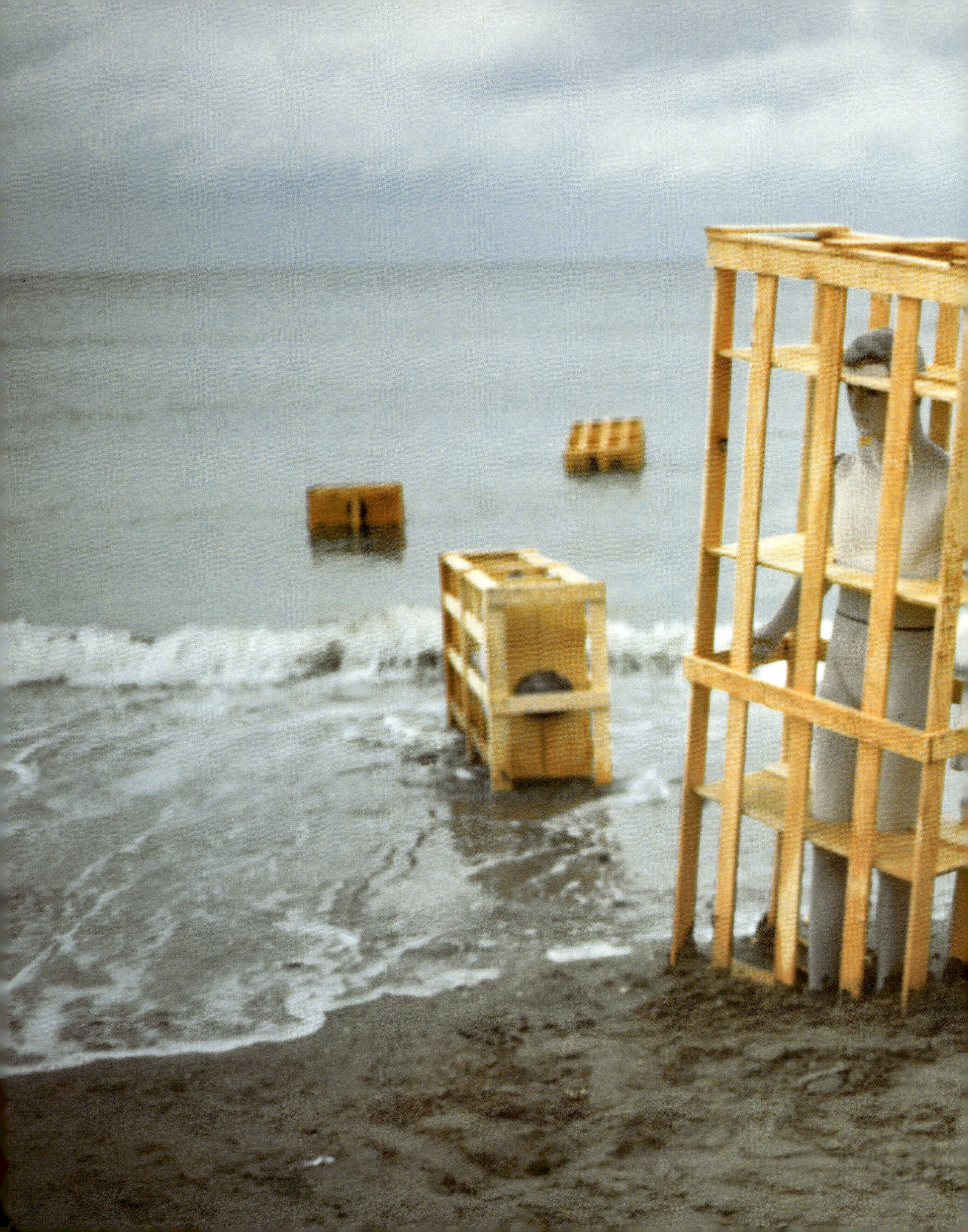

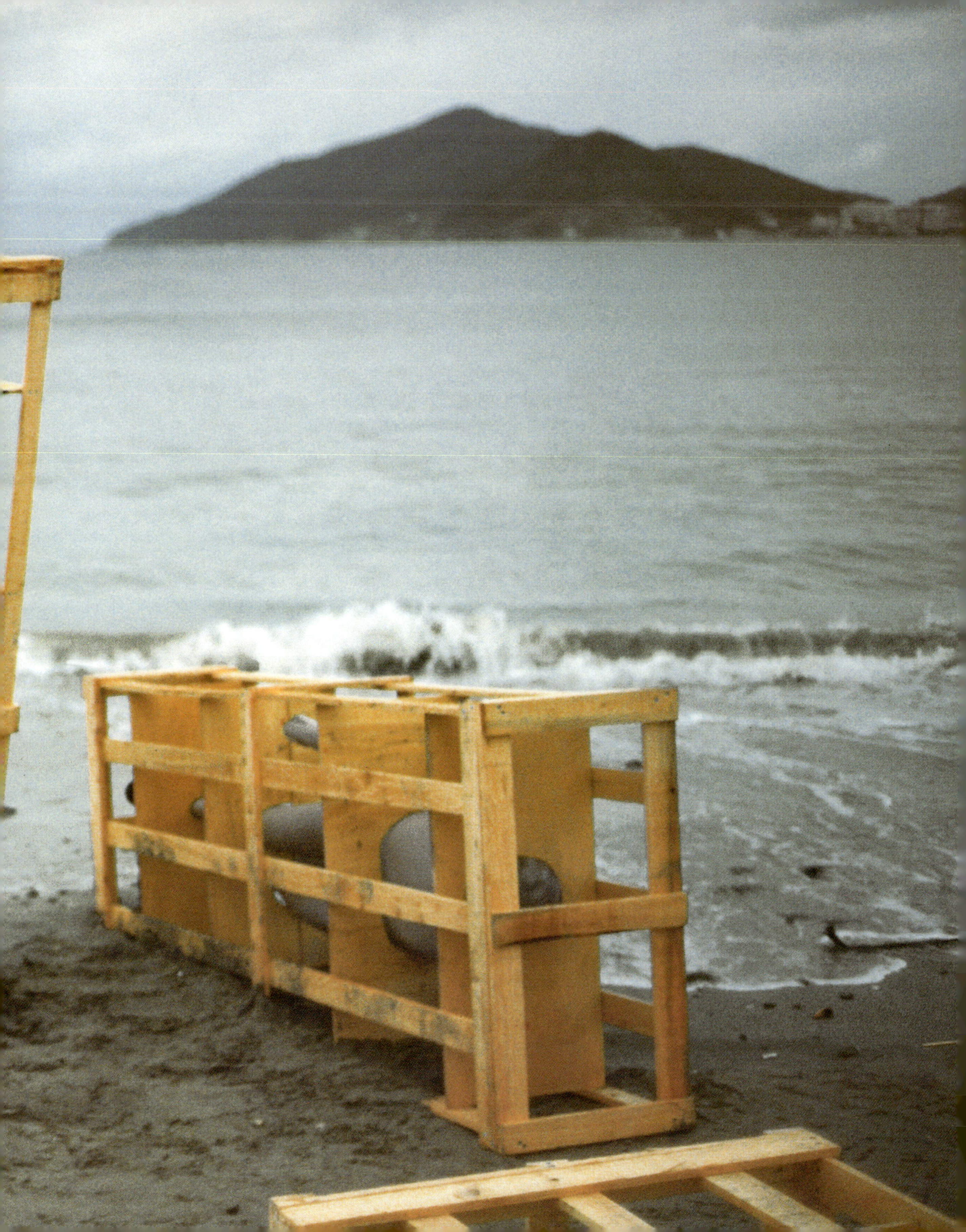

1997	Stadtgalerie Saarbrücken*
	Städtische Galerie Erlangen
	Kunstverein Ingolstadt
1996	Brigitte March Galerie, Stuttgart
	Ludwig Museum im Deutschherrenhaus, Koblenz*
	Ursula Blickle Stiftung, Kraichtal*
	Chelouche Gallery, Tel Aviv*
1995	Le Crédac, Ivry-sur-Seine*
	Maison des Expositions, Genas*
	Städtische Galerie Altes Theater, Ravensburg*
	MDJ Art Contemporain, Neuchâtel*
	Robert Berman Gallery, Santa Monica, Kalifornien
	Galerie Wassermann, München
1994	Magazin 4, Vorarlberger Kunstverein, Bregenz
	Brigitte March Galerie, Stuttgart
	Galerie Carla Stützer, Köln
	Galerie Patricia Dorfmann, Paris
	Galerie des Beaux-Arts, Nantes
1993	Wewerka-Pavillon, Münster*

1946

geboren in Carcassonne

1964–1966

Studium der modernen Literatur an der Universität Toulouse

1967–1970

Studium an der Filmhochschule Paris (IDHEC)

arbeitet danach einige Zeit für den Film

1983–1989

Professor an der École Nationale des Beaux-Arts de Lyon

1994–1996

Direktor für Postgraduiertenstudium an der l'École Régionale

des Beaux-Arts de Nantes

seit **1996**

Professor an der École Nationale des Beaux-Arts de Dijon

lebt und arbeitet in Paris

1946

born in Carcassonne

1964–1966

Studies of Modern Literature, Toulouse

1967–1970

Studies at the Film-Academy Paris (IDHEC)

worked for a time in film industry

1983–1989

Professor at the École Nationale des Beaux-Arts de Lyon

1994–1996

Director for postgraduate studies at the

École Régionale des Beaux-Arts de Nantes

since **1996**

Professor at the École Nationale des Beaux-Arts de Dijon

lives and works in Paris

	Museum Moderner Kunst, Stiftung Ludwig, Wien*
	Galerie Maison des Jeunes, Neuchâtel*
	Galerie der Akademie der Kunst, Brest
	Espace d'Art Contemporain, Lausanne*
	In Vitro, Genf
	Kunsthandel Zlotecki, Mannheim
	De Vleeshall, Middelburg
	Château de la Trayne, Souilhac
	Kunstverein Freiburg und
	Institut Français, Freiburg*
	Mannheimer Kunstverein*
	Kunstverein Siegen*
	Tiroler Kunsthalle II und Institut Français, Innsbruck
	Stux Gallery, New York
1992	Galerie Ponte Pietra, Verona
	Galerie Clairefontaine, Luxembourg
	Parvis 3, Pau*
	À la Ligne,le Parvis, Ibos
	ACB, Bar-le-Duc
	Galerie Carla Stützer, Köln
	Galerie Wassermann, München
	Galerie Gandy, Prag
	Galerie Claude Fain, Paris
	Galerie Inga Pin, Mailand

1991	Institut Français, Stuttgart*
	Kunstverein Lingen*
	Galerie Langer Fain, Paris*
	Galerie Angels de la Mota, Barcelona
	Cadran Solaire, Chapelle de l'Hôtel Dieu, Troyes
	Centre d'Art Contemporain, Troyes
	Galerie Jean-Christophe Aguas 1 et 2, Bordeaux
	Galerie Marc Pairon, Knokke
	Kunstverein Ludwigsburg*
	Galerie Faust, Genf
1990	Galerie Wassermann, München*
	Max Pisti Gallery, Antwerpen
	Galerie Container, Florenz
	Galerie Bruno Musati, São Paulo
	Galerie Langer Fain, Paris*
	Galerie Brigitte March, Stuttgart
	Galerie Carla Stützer, Köln
	XPO Galerie, Hamburg
1989	Galerie Michel Vidal, Paris
	André Zarre Gallery, New York
	Galerie Ek'Ymose, Bordeaux
	Brigitte March Galerie, Stuttgart
	Galerie Michel Vidal, Forum, Hamburg
1988	Hôtel de Ville, Villeurbanne*
	Musée de Valence*
	Centre d'Art Contemporain de Montbéliard*
	Musée de Carcassonne*
	Neue Galerie Sammlung Ludwig, Aachen*
	Octobre des Arts, Église Saint-Nicolas, Givors
1987	Galerie Optica, Montréal
	Galerie Ek'Ymose, Bordeaux
	Prieuré de Gayac, Grandignan
	Institut Français, Prag
	Metronom, Barcelona*
	De Vleeshal, Middelburg*
	Galerie Laurens A. Daanc, Amsterdam
	Galerie Aréa, Barcelona*
1986	Hospedale Real, Granada*
	Macedonian Center of Contemporary Art, Saloniki
	Dracos Art Center, Athen*
	Institut Français, Athen*
	Axe Neo 7, Hull-Ottawa
1985	Studio Marconi, Mailand
	Chiesa San Carpoforo, Mailand
	Tours Narbonnaises*, Galerie Monique Sarradet, Carcassonne
	Galerie Le Chanjour, Nizza

1984	Maison des Arts, Créteil*
1983	Axe Art Actuel, Toulouse
	Musée Fabre, Montpellier*
	Galerie Christian Laune, Montpellier
1982	Fondation Gulbenkian, Lissabon*
	Musée des Beaux-Arts, Rennes*
1981	Galerie del Naviglio, Mailand*
	Atelier d'A, Marie de Caen
1980	Galerie Sapone, Nizza
1977	Galerie Harry Jancovici, Paris*

GRUPPENAUSSTELLUNGEN / GROUP SHOWS

1997	»Light«, Richard Salmon Gallery, London
	»Heaven«, PS 1, New York
1996	»Cabines de Bains«, Piscine de la Motta, Fribourg (CH)
	»Abstrakt/Real«, Museum Moderner Kunst,
	Sammlung Ludwig, Wien*
	»Reopening«, Stux Gallery, New York
	»Plastic«, Richard Salmon Gallery, London & Arnolfini, Bristol*
	»The Luminous Image«, Alternative Museum, New York*
1995	»Die Spitze des Eisbergs«, Brigitte March Galerie, Stuttgart
	»Triennale der Kleinplastik«, Stuttgart*
	»Symposium«, Universität Bursa, Türkei
	45° Nord / Longitude 0" Bordeaux*
	»32 Espaces«, Espace d'Art Contemporain, Lausanne
	»Luma«, Alvar Aalto Museo, Jyvaskyla, Finnland*
	Astrolabe, La Rochelle*
	Palais des Expositions, La Coruna
	Caixa Vivo, Vigo
	Künstlerwerkstätten Lothringer Strasse 13, München*
1994	»Orte der Kunst«, Sprengel Museum, Hannover*
	»Lichtraum«, Folkwang Museum, Essen und Bauhaus, Dessau*
	»Das Multiple«, Deichtorhallen, Hamburg*
	»Borderline« Neuer Berliner Kunstverein, Berlin*
	»Valises«, Ludwig Forum für Internationale Kunst, Aachen
	»Paravents«, Galerie im Happächer, Essligen/Neckar
	»Printemps de Cahors«, Musée Henri Matisse, Cahors
	»Le Printemps de l'Amour« Galerie du Cloître, Rennes
	»Vista«, Fundament, Breda
	»Valises«, Stadtgalerij, Heerlen
	»Dualités«, Museum Leewarden und Cultural Center Groningen

»L'Art du Portrait en France«, Shoto Museum, Tokio;*
Akita Museum, Hiroshima; Municipal Museum, Onomichi
»Worlds in a Box«, Whitechapel Gallery, London;
Graves Art Gallery, Sheffield; Sainsbury Art Center, Norwich*
»Shakespeare«, Delicatesy Avant Gard Gallery, Gdansk
»Répétition«, Institut Français, Barcelona
»Symposium«, European Center, Delphi

1993 »Public and Private«, Bellevue Church Gallery, Edingburgh*
»Konfrontationen«, Museum Moderner Kunst,
Stiftung Ludwig, Wien*
»Bright Light«, Schloss Presteneck, Neuenstadt-Stein / Kocher
und Brigitte March Galerie Stuttgart*
»200 œuvres du FNAC«, Espace Art Defense, Paris*
»Alle Koffer fliegen hoch«, Flughafen Galerie,
Frankfurt/Main*
»Borderline«, Postmuseum, Frankfurt/Main*
»Valises«, Musée d'Art Moderne, Lüttich

1992 »Amulettas«, Galerie Bloom, Amsterdam
»Environmental Art Festival«, Pusan, Südkorea*
»America«, Universidade Federal, Minas Gerais, Brasilien
»A marked Difference«, Arti et Amicitiae, Amsterdam*
»Force Sight«, Schloss Presteneck, Neuenstadt-Stein / Kocher
und Brigitte March Galerie Stuttgart*
Galerie Ram, Rotterdam
»Das Ei des Kolumbus«, Städtische Galerie, Fellbach*
»Les collections du FRAC«, Musée des Beaux-Arts, Nantes
»Photographies«, Le Quartier, Quimper
»Variations Gitanes«, Grande Halle de la Villette, Paris*
»Exposition Inaugurale«, Art Concept, Saumur
»A.B.C.«, FRAC, Reims

1991 »Veramente Falso«, Rotonda di Via Besana, Mailand
»Les Couleurs de l'Argent«, Musée de la Poste, Paris*
»Echt Falsch«, Villa Stuck, München
»Langer Fain 1991«, Galerie Langer Fain, Paris
»Das Goldene Zeitalter«, Württembergischer Kunstverein,
Stuttgart*
»Acquisitions 90–91«, Muhka, Antwerpen
»Matériaux Photo«, Galerie Guy Ledune, Brüssel
»Collection du FRAC«, Salle du Manège, Haguenau
»Avec les Fleurs«, Galerie Apomixie, Paris
A.B. Galerie, Paris
»Les Artistes décident de jouer«, Hôtel Donadei de Campredon,
L'Isle-sur-Sorgue

1990 »Kunst mit der Kamera«, Brigitte March Galerie, Stuttgart
»Passage d'un Collectionneur«, Galerie Passage, Troyes
»Gegenwart Ewigkeit«, Martin Gropius Bau, Berlin*

»3 French Artists«, Kunstnerisk, Kopenhagen
»Kontexte«, Badischer Kunstverein, Karlsruhe*
»Usine Ephémère«, Méru
»Sculptures«, Galerie Patrick Riquelme, Vannes
»Eloge du Radical«, Galerie Apomixie, Paris
»10 Projets pour l'Alsace«, Palais Rohan, Strasbourg
»FRAC«, Tour Philippe Auguste, Villeneuve-les-Avignon
»De Tout Bois«, Altkirch*
»Auflagen«, XPO Galerie, Hamburg
»Seoul Art Festival«, National Museum of Contemporary Art,
Seoul*
»VIP«, Galerie du Génie, Paris

1989 »Saturnus«, Palais des Arts, Toulouse und Palast der Lonja,
Saragossa
»Coups d'Envois«, Musée de la Poste, Paris*
»Hier wird getanzt«, XPO Galerie, Hamburg*
»Filling in the Gap«, Feigen & Co. Gallery, Chicago*
»D & S«, Kunstverein, Hamburg*

1988 Ek'Ymose, Bordeaux
»Dancepower«, Bühnenbild für Groupe de Recherche de l'Opéra
de Paris; Opéra Comique, Paris; Shinjuku Hall, Tokio
»Symposium«, Aguios Nicolais, Kreta
»Révélateurs II«, Galerie d'Art Contemporain,
Centre Saint-Vincent, Herblay
»Parecchi Passerelle di Arte«, Espace Croix-Baragnon, Toulouse

1987 »Inside Outside«, Muhka, Museum van Hedendaagse Kunst,
Antwerpen*
»Tel-Haï 87«, Institute of Art, Tel-Haï, Israel
»Places Arrières – Arts & Automobiles«, Centre d'Art
Contemporain, Montbéliard et CRAC Cavaillon*
»Papiers Transformés 2«, Langage Plus, Alma, Québec*
»Luna Luna«, Luna Park, Hamburg*

1986 »Airport Café«, San Francisco International Airport*
»Pictura Loquens«, Villa Arson, Nizza*
»Arte in Francia«, Palazzo Real, Madrid*
»Aperto 86«, Biennale Venedig*
»Que reste-t-il ...« Centre Wallon d'Art Contemporain, Lüttich*
»Preciosi Ornamenti«, Museo di Milano, Mailand*
»Sans Titre«, Bühnenbild für die Oper Stockholm
»Abitaire il Tempo«, Feria de Verona
»Beelden Bulten«, Tiett 87, Tiett

1985 »Manipulated Reality – Objects and Image in Contemporary
French Sculpture«, Frederick S. Wright Gallery, University of
California, Los Angeles*
»Soyons Sérieux«, ELAC, Lyon*
»Sans Titre: Contemporary Photography and Video

from France«, Diverse Works, Houston und Center of
Contemporary Art, Santa Fe
»La Fin du Siècle c'est pour Demain«,
Galerie Yvon Lambert, Paris
»Second Atelier de Fontevraud«, Abbaye Royale, Fontevraud*
»Symposium National de Sculpture
Monumentale Métallique«, Thiers*
»Ouverture«, Centre d'Art Contemporain
Labège-Innopole, Toulouse*

1984 »Museum of Fun«, Asahi Shimbun, Tokio*
»Siméon et les Flamands Roses«, Centre Culturel, Albi*

1983 »Propositions 3«, Nouveau Musée, Villeurbanne
»Art Prospect 83«, Affichage en France, Ministère de la Culture*
FRAC des Pays de la Loire, Abbaye de Fontevraud
»Expression/Sculpture«, Musée des Monuments Français, Paris*

1981 »Sculpture«, Musée d'Art et d'Histoire, Belfort

1980 »Collection«, Musée d'Art Contemporain, Dunkerque
»J. Damase, 30 ans d'Édition d'Art«,
Centre George Pompidou Paris*

1978 »Arte d'Amore«, Studio S., Rom
»Typographie / Écriture«, Maison de la Culture, Rennes
»Le Tondo de Monet à nos Jours«,
Musée de l'Abbaye Sainte-Croix, Les Sables d'Olonne*

1977 Cabinet des Estampes, Dresden

1976 »Les Boîtes«, ARC Musée d'Art Moderne de la Ville de Paris*

* Ausstellung mit Katalog / Exposition with catalogue

ÖFFENTLICHE SAMMLUNGEN / PUBLIC COLLECTIONS

Fonds National d'Art Contemporain, Paris
Musée Saint-Pierre Art Contemporain, Lyon
Muhka, Museum van Hedendaagse Kunst, Antwerpen
Musée des Beaux-Arts, Brest
Musée National d'Art Moderne, São Paulo
Musée des Beaux-Arts, Rennes
Fondation Gulbenkian, Lissabon
Musée des Beaux-Arts, Carcassonne
Macedonian Center of Contemporary Art, Saloniki
Staatsgalerie Stuttgart
Musée de Dunkerque
Kupferstichkabinett, Dresden

Fonds Régional d'Art Contemporain des Pays de Loire, Clisson
Asahi Shimbum Collection, Tokyo
Fonds Régional d'Art Contemporain Midi-Pyrénées, Toulouse
Fonds Régional d'Art Contemporain Languedoc-Roussillon, Montpellier
Fonds Régional d'Art Contemporain Alsace, Séléstat
Fonds Régional d'Art Contemporain Franche-Comté
Fonds Régional d'Art Contemporain Bretagne, Chateaugiron
Fonds Régional d'Art Contemporain Aquitaine, Bordeaux
Musée d'Art et d'Histoire, Genf
Museum für moderne Kunst, Zentrum für Kunst und Medien, Karlsruhe
Fondation Pro Helvetia, Genf
Musée de la Poste, Paris
Museum Moderner Kunst Stiftung Ludwig, Wien
Museum am Ostwall, Dortmund
Städtische Galerie der Stadt Fellbach
Stadt Hamburg, Kulturamt
European Cultural Center of Delphi
Stadt Lingen
Universität Bursa, Türkei
Postmuseum, Frankfurt/Main

KUNST IM ÖFFENTLICHEN RAUM / OUTSIDE WORKS

»Les huits statues«, Rilleux le Pape
»Cinéma«, DRAC Grand Palais, Paris
»Rivière sans retour«, Thiers
»Sic Transit, Gloria Mundi«, Thiers
»Voyelles«, Forum des Halles, Paris
»Arc de Triomphe«, Givors
»An object thrown out of a country into another«, Tel Haï, Israel
»Giratoire«, Villeurbanne
»Le grand Iconoclaste«, Bethoncourt
»La Verrerie«, Carmaux
»Attention Ecole«, Breuil-le-Vert
»Lost Monument«, Kulturbehörde, Hamburg
»Wolken-Flug-Koffer«, Lingen
»La Pyramide de Verre«, Autoroute A6, Nemours
»L'Allée des Catastrophes«, San Diego
»Fouilles«, Delphi
»Tombeaux«, Bursa (Türkei)

BIBLIOGRAFIE / BIBLIOGRAPHY

G. Argence, L'Art Vivant Nr. 10

D. Arnaudet, Art Press 12/87, Nr. 120

E. Arosio, La Republica 11.1.85

O. Asselin, Vantguard Feb./März 88

R. Baan, Kunstbleed Mai 1987

D. Baudier, Artpress Nr. 163

P. Beaudet, Spirales Februar 88

A. Beckmann, European Photography Nr. 53

H. Bellet, Le Monde 4.12.92

S. Berg, Katalog Kunstverein Freiburg, Mannheim,

Siegen, Innsbruck, 1992–1993

M. Bers, Le Journal de Genève 17.2.93

A. Bonito Oliva, Spirales 6/82;

Kat. Fondation Gulbenkian 82

M. Bouisset, Le Matin 8/3/81

G. de Bure, Beaux-Arts Nr. 45;

La Maison Française 4/89

H. Calo, Avenue 3/86

G. Careri, Kat. »Das Tier«, Landesmuseum Klagenfurt

R. Carstensen, Szene Hamburg Dez. 92

L. Cavadini, La Provincia 10/2/85

O. Cena, Télérama 6/6/84

A. Charre, »Galéries« Nr. 30

L. Chauvy, Le Journal de Genève et La Gazette de Lausanne 20.9.92

P. Corillon, Kat. »Que reste-t-il...«, 86; ± 0" Nr. 48

B. Cornand, Axe Sud, Printemps 83; Actuel Nr. 64; Beaux-Arts 9/83

A. Dagbert, Art Press Nr. 82, Ligea Nr. 7/8

S. Delaunay, Kat. Galerie del Naviglio 81

P. Dittmar, Die Welt 11.9.91

G. Domonell, Die Neue Àrztliche, Nr. 4,5/1/88

G. Dorfles, Corriere della Sera 16.1.85

P. Durieu, Galeries Magazine Alla Sept.89

R. D'Amico, Centocose 4/85

P. Defesche, Limburg dagsblad 7.1.89

G. Effertz, Aix klusiv Winter 88/89

M. Engler, Katalog Kunstverein Freiburg, Mannheim,

Siegen, Innsbruck 1992–1993

S. Feeser, Kunstforum 122

P. Di Felice, Café Crème Nr. 13, 90

A. Franca, Colloquio 7/82

P. Funken, Kunstforum Nr. 108

C. Gattinoni,»La Photographie en France 1970–1995«, Edition ADPF

M. Gendel, Art in America 10/86

L. Ghehenneux, Revolution Nr. 50, 91

P. Giquel, Art Press Nr. 152

X. Girard, Art Press 7/82

D. Gomez, Splash Magazine Fall 91

G.A. Goodrow, Kat. Ludwig Museum, Koblenz

O. Hahn, L'Express 11.5.84, 28.9.90

C. Haybrock, Morgen Nr. 57, 1993

W. Hayes, Artefactum Nr. 20

L. Hegyi, Kat. Museum Moderne Kunst, Wien

A. Herkens, Aachener Volkszeitung 2.12.88

G. Hesler, Stuttgarter Zeitung 2.1.89; Zyma Nr. 6/88;

Saarbrücker Zeitung 4.1.89

J. Hohmeyer, Der Spiegel Nr. 51, 1992

J. M. Huitorel, Kat. »Corvée de vaisselle« 85

Y. Jaegle, Parcours Okt. 91

M.C. Jeune, cat. »Soyons sérieux« 85;

Journal d'octobre des Arts 88

K. Johnson, Art in America Nov. 89

M. Kimmelmann, The New York Times May 26, 1989

J. Kisters, Kölner Stadt-Anzeiger 28.7.92

Kunstforum, Januar 89

J. Lamoreux, Etc Montreal Nr 3, 1988

H. Lassalle, Artefactum 12/86

F. Laville, L'Est Éclair 14.6.91

J. Lechaux, Artistes Nr. 25

G.G. Lemaire, »Comédies et Mystères«, J. Damase Editeur, 85;

Artefactum 8/85; Opus été 85, Pôle Position Nr. 2; Il Sole, 27.1.85

J. Lepage, Kanal Nr. 19

J. De Loisy, Kat. »Souvenir de Montpellier«, Musée Fabre 83;

Flash Art International, Sommer 83

E. Lunghi, Luxemburger Wort 10.12.92

A. Macaire, Canal 11/83

Y. Maertens, Art, Das Kunstmagazin, Dez. 90

S. Mangold, Lufthansa Bordbuch 6/87

N. Marmer, Art in America 9/86

M. Martin-Rubi, Idéal 16.5.86

M. Metayer, Katalog Kunstverein Freiburg, Mannheim,

Siegen, Innsbruck 1992–1993

P. Mialon, Opus Nr. 100

C. Millet, »L'Art Contemporain en France«, Flammarion Ed. 87

C. Minière, »L'Art en France 1960–1995«,

Nouvelles Editions Françaises

A. Molena, Modo Nr. 79

S. Muchnic, Los Angeles Times 25.2.85

G. Müller, Aachener Nachrichten 2.1.89

E. Muritti, Il Giornale 13.1.85

W. Nagel, Harpers Bazaar Z/91

B. Noël, at. »Atelier d'A«, Caen 81

J. P. Nouhaud, Kat. »Comédies et Mystères« 85

M. Nuridsany, Le Figaro 5.4.85

L. Ott, Art Press 9/85

J. Outin, »Réseau« 1/89

J. Palette, Libération 24.8.82

C. Peillod, Art Press Nr. 91

D. Perrier, Kat. Ludwig Museum, Koblenz

F. Portes, Paris Match 31.10.91

R. Puvogel, Noëma Nr. 72

G. Quaroni, Per Lui Nr. 41

P. Restany, Kat. Galerie Sapone 80

J.M. Ribettes, Kat. »Lumière« 85

J.C. Roche, Magazine Nr. 6/7

N. Rosenblum, Le Matin 10.10.85

A. Ruegsegger, Artis 55/91

P. Runfola, Casa Vogue Nr. 178; Opus Nr. 102; Gran Bazaar 7/87;
Mostre e Musei Nr. 2; Il Giornale 15.2.86

J. Saglio, Galeries Magazine Aug./Sept. 88

I. Sakane, The Asahi Shimbum 380/84

J. Sans, Cadran Solaire, Troyes, Sommer 91,
Katalog Ludwig Museum, Wien

A. Scalco, Spirales 1/82

J.M. Schmitt, Guide de l'Art 1991 Beaux-Arts Magazine

D. Semin, Kat. »Soyons sérieux« 85; Art Press Nr. 104

M.E. Simmons-Sorrel, cat. »Sans titre« 85

M. Stather, Katalog Kunstverein Freiburg, Mannheim,
Siegen, Innsbruck 1992–1993

C. Strasser, Art Press 10/83; »20 ans d'Art en France«,
Larousse Editeur

M. Strecker, Folhade São Paulo 7.6.90

A. Tempi, La Gazetta Florence 22.6.90

R. Tio Bellido, Kat. Grenade 86, Athènes 87, Flash Art Nr. 5

E. Tonelli, Kat. »Manipulated Reality« 85

A. De Vandière, Cosmopolitan 6/91

E. Vermab Rollmann, Süddeutsche Zeitung 11.9.92

E. Vedrenne, Décoration Internationale, 5/82, 6/83, 12/84, 1/85

R. Vogt, Stuttgarter Nachrichten 15.7.91

M. Vescovo, Taxi 5/86

S. Wagner, ART Das Kunstmagazin 10/89

P. Weiermair, Kat. »Soyons sérieux« 85

E. Wingen, De Telegraaf 22/5/87

T. Wulfen, Katalog Kunstverein Freiburg, Mannheim,
Siegen, Innsbruck 1992–1993

W. Zimmer, Lingener Tagespost 28.9.91

AUTOREN/AUTHORS

Yves-Michel Bernard, geb. 1954, Kunsthistoriker, arbeitete nach Studium und Promotion an der Universität Bordeaux als Kurator des FRAC (Fonds Régionale d'Art Contemporain) de Bourgogne (bis 1989), ist zur Zeit Kurator an der Philosophischen Fakultät der Universität Franche-Comté, Besançon.

Bernd Schulz, geb. 1941, arbeitete nach naturwissenschaftlichem Studium in Freiburg/Br. als Kultur- und Wissenschaftsjournalist (u. a. Chefreporter Kultur des Saarländischen Rundfunks), seit 1984 Aufbau und Leitung der Stadtgalerie Saarbrücken, Honorarprofessur für Kunst und Wissenschaft an der Hochschule der Bildenden Künste Saar, Saarbrücken

Yves-Michel Bernard, born in 1954, is an art historian. After earning his doctorate at the University of Bordeaux, he worked until 1989 as Curator of the FRAC (Fonds Régionale d'Art Contemporain) de Bourgogne. He is currently Curator at the Departement of Philosophy at the University of Franche-Comté in Besançon.

Bernd Schulz, born in 1941, initially studied natural sciences in Freiburg/ Breisgau. He worked as a culture reporter for Radio Saarland. Since 1984, he has built up and headed the Stadtgalerie Saarbrücken. He holds an Honary Professorship for Art and Science at the Saarland College of Visual Arts in Saarbrücken.

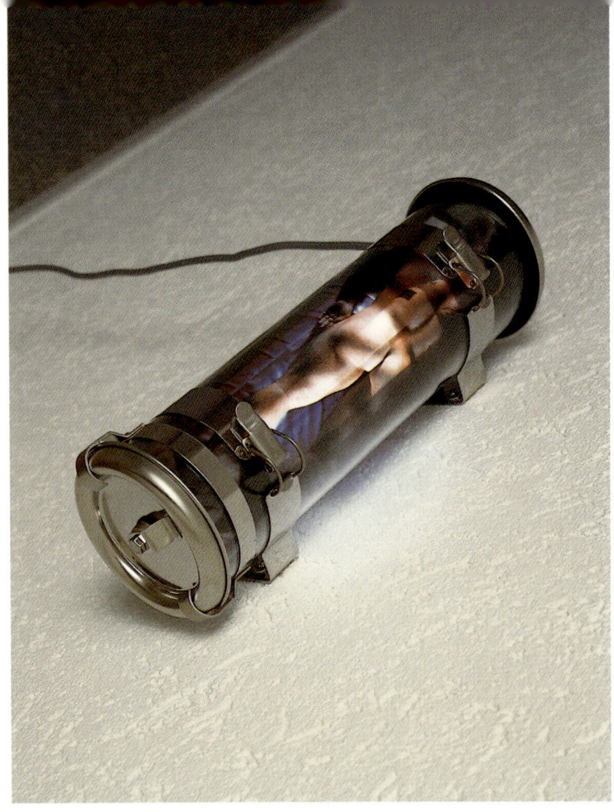

VEILLEUSE 1995
NACHTLAMPE
Sicherheitslampe, Cibachrome
NIGHT LIGHT
Safety Light, Cibachrome

Die Deutsche Bibliothek
– CIP -Einheitsaufnahme

Patrick Raynaud :
Karawanserei.
Private Storehouse /
hrsg. von Bernd Schulz / [mit
Beitr. von Yves-Michel Bernard
und Bernd Schulz]. - Heidelberg :
Kehrer, 2. Auflage, 1999
ISBN 3–98 04444–8–1

2. Auflage 1999

Umschlag / Cover:
ART HELMET 1990
KUNSTHELM Helm, Ektachrome
ART HELMET Helmet, Ektachrome

© 1997 (Erstauflage / First Edition)
Kehrer Verlag Heidelberg, Patrick Raynaud,
Autoren / Authors, Fotografen / Photographers

Herausgeber, Konzeption und Redaktion /
Editor, Conception and Copy Editing:
Bernd Schulz

Redaktionelle Mitarbeit / Editorial Staff:
Irmgard Heesche

Gestaltung / Design:
Carsten Kraemer und
Kehrer com Heidelberg

Texte / Texts:
Yves-Michel Bernard, Bernd Schulz

Übersetzungen / Translations:
Mitch Cohen, Peter Fletcher,
Andréa Holzherr, Hildegard Kurt

Fotos / Photos:
Joël von Ailmen, Alain Baguerie, Olaf Bergmann,
Nelly Blaya, Jacques Hoepffner, Wolfram Janzer,
Laurent Lecat, André Morain, Gilles Pernet,
François Poivret, Patrick Raynaud, Georgio Skory

Herstellung / Production:
Kehrer com Heidelberg

Verlagslektorat:
Barbara Karpf

ISBN 3–98 04444–8–1
Kehrer Verlag Heidelberg